全国小学生校园美文精品集萃丛书

七色阳光小少年

你是我心中那盏灯

《语文报》编写组 编

时代文艺出版社

图书在版编目（CIP）数据

你是我心中那盏灯 /《语文报》编写组编. —长春：时代文艺出版社，2018.8（2023.6重印）
（"七色阳光小少年"全国小学生校园美文精品集萃丛书）
ISBN 978-7-5387-5867-2

Ⅰ.①你… Ⅱ.①语… Ⅲ.①作文－小学－选集 Ⅳ.①H194.4

中国版本图书馆CIP数据核字（2018）第113190号

出 品 人　陈　琛
产品总监　郭力家
责任编辑　刘瑀婷
装帧设计　孙　利
排版制作　隋淑凤

本书著作权、版式和装帧设计受国际版权公约和中华人民共和国著作权法保护
本书所有文字、图片和示意图等专有使用权为时代文艺出版社所有
未事先获得时代文艺出版社许可
本书的任何部分不得以图表、电子、影印、缩拍、录音和其他任何手段
进行复制和转载，违者必究

你是我心中那盏灯

《语文报》编写组 编

出版发行 / 时代文艺出版社
地址 / 长春市福祉大路5788号　龙腾国际大厦A座15层　邮编 / 130118
总编办 / 0431-81629751　发行部 / 0431-81629758
官方微博　weibo.com / tlapress
印刷　北京一鑫印务有限责任公司
开本 / 700mm×980mm　1 / 16　字数 / 153千字　印张 / 11
版次 / 2018年8月第1版　印次 / 2023年6月第5次印刷　定价 / 34.80元

图书如有印装错误　请寄回印厂调换

编委会

主　　编：刘应伦

编　　委：刘应伦　赵　静　李音霞
　　　　　郭　斐　刘瑞霞　王素红
　　　　　金星闪　周　起　华晓隽
　　　　　何发祥　朱晓东　陈　颖
　　　　　段岩霞　刘学强

本册主编：马国良　贾卓龙

目录

窗外飞来一把伞

挫折的滋味 .... 王晨莲 / 002

农家小院 .... 冯静怡 / 003

课堂变了 .... 张俊森 / 005

万柏林的秋天 .... 白 洁 / 006

爱在我家 .... 何安奇 / 007

下雪天 .... 陆婕妤 / 010

参观消防大队 .... 黄宇豪 / 011

窗外飞来一把伞 .... 刘淑君 / 013

我与书比高 .... 李若涵 / 014

味道小镇 .... 辛铭沁 / 015

请打开你的灯 .... 朱广霖 / 017

带着爱上路 .... 崔秀娴 / 018

第一次走夜路 .... 邢 菁 / 020

我帮妈妈洗脚 .... 赵 领 / 021

离家出走 .... 华英姿 / 023

我家的小花猫 .... 样子瑞 / 024

自信是一种姿态 .... 黄筠秀 / 026

第一次独睡 .... 陈文洵 / 027

我身边的黄昏 .... 王新亚 / 029

我的长胳膊同学 .... 罗锦华 / 030

莫攀比，勇敢做自己 .... 陆佳羽 / 032

平凡感人的细节 .... 胡彩霞 / 034

那滴油，那份爱 .... 李　森 / 035

"猫""鼠"大战 .... 徐鸿翔 / 037

曾经的美好

曾经的美好 .... 周雯雯 / 040

舌尖上的小面鱼儿 .... 刘晶晶 / 042

我想生银子 .... 范晓燕 / 043

威震八方的买零食神功 .... 李家贝 / 044

父爱如山 .... 李　琦 / 046

都是贪玩惹的祸 .... 陈馨颖 / 047

可爱的小精灵 .... 陈慧娴 / 048

我的理想 .... 李　昊 / 050

我要说声谢谢你 .... 余欣欣 / 051

老家的年会 .... 王艺霖 / 052

蚂蚁争食 .... 江印月 / 054

从天而降的灵感 .... 张俊豪 / 055

我最读不懂的人 .... 杨朱朱 / 056

黄豆 .... 邓蒙蒙 / 057

所谓尊严 ……… 于志远 / 059

当一回"法布尔" ……… 秦哲涵 / 060

红薯爷爷 ……… 崔文华 / 062

唐诗之花永不凋谢 ……… 李蕴诗 / 063

演讲的体验 ……… 赵　阳 / 064

月季人生 ……… 王成之 / 065

新官上任 ……… 任建勋 / 067

我教爷爷玩微信 ……… 徐航珠 / 068

在国家大剧院感受高雅与文明 ……… 江肖肖 / 070

我家的潮奶奶 ……… 张　芸 / 071

捡拾幸福

速效减肥计划 ……… 安依菲 / 076

我们家的"老"医生 ……… 陈轩岐 / 077

那一次，我真失落 ……… 张月娟 / 079

奶奶学电脑 ……… 李丹丹 / 081

爷爷与酒 ……… 彭英康 / 082

我的蚕宝宝最可爱 ……… 姚之言 / 084

笑声 ……… 周鑫原 / 085

"麦虾" ……… 林驭风 / 087

再见了，母校 ……… 武林倩 / 088

记录一处美景 ……… 叶程文 / 089

老师，您真牛 ……… 漆逸城 / 091

拔丝天鹅蛋 ……… 赵蓝航 / 092

坐个火车可真不容易 ……… 王雨晗 / 094

我的新家 ……… 薛　琨 / 095

难忘故乡打边炉 ……… 张嘉嘉 / 097

灭虫记 ……… 郑　琦 / 099

我爱冬季 ……… 李子寒 / 100

我与外公过招 ……… 王晨炜 / 101

几十年的寂寞与拼搏 ……… 刘政豪 / 103

我努力读懂坚持 ……… 杨莹莹 / 104

母鸡下蛋 ……… 孙浩文 / 106

激动人心的一百米 ……… 范佳琪 / 107

我的爸爸是医生 ……… 邓之晴 / 109

捡拾幸福 ……… 卫佳馨 / 110

初春，那一抹甜甜的温暖

我的"女王"同桌 ……… 焦伟豪 / 114

喜欢"欣旺"的"飘香蟹" ……… 朗文新 / 116

初春，那一抹甜甜的温暖 ……… 赵蒙蒙 / 117

我爱家乡的沙蟹汁 ……… 莫舒吉 / 119

期中考大作战 ……… 张军文 / 120

爸爸做的肉夹馍 ……… 王文俊 / 122

智能吸尘器 ……… 景兴苑 / 123

我家的帅哥医生 ……… 邵　琮 / 124

默写的前夜 ……… 束成菲 / 126

家有小弟 ……… 王晓倩 / 128

晒晒我家的"萌宝" ……… 张文轩 / 130

我爱这里的黄昏 ……… 柴云芬 / 131

我的"跟屁虫" .... 姚　静 / 133

我的家庭 .... 郑睿欣 / 134

我爱家乡的系舟山 .... 吴建中 / 135

美丽梧桐 .... 宋文甜 / 137

成长需要假想敌 .... 段小齐 / 138

汉语是世界上最美的语言 .... 郝嫣然 / 140

我懂得了自我反省 .... 李一涵 / 142

我是修理匠 .... 徐　珂 / 143

水乡的乌篷船

新呀么新发型 .... 宋羽姗 / 146

第一次放鞭炮 .... 马玉婷 / 147

老师，我懂了 .... 周晓楠 / 149

赌气 .... 洪　欣 / 150

妈妈和电脑 .... 林怡晨 / 151

万亩生态园——我的乐园 .... 常莹莹 / 152

珍惜每一分钟 .... 王颖银 / 154

一沓礼券 .... 陈漫婷 / 155

关于养宠物的建议书 .... 侯　啸 / 157

摘花草 .... 谢欣芷 / 158

我给小鸡"做饭" .... 秦怡然 / 159

注意交通安全 .... 曹子玉 / 161

故乡的田野 .... 谢世豪 / 162

做饼干 .... 郑俏颖 / 164

班级时装秀 .... 刘芸希 / 165

窗外飞来一把伞

　　近了，近了，小伞竟然在我家窗台上停了下来。天哪！篮子里面还站着一个拇指大的织女。见到我，她打了招呼，我顿时呆住了。

挫折的滋味

王晨莲

我是一片小小的绿叶,萌发在枝头,经历了无数个日夜,我终于感到不耐烦了。

一个没有星光的夜晚,天使降临人间,我好开心,它有洁白的羽翼,它说:"小叶子,你有什么心愿吗?"

"有啊,我好闷哪,不如让我去做个可爱的小女孩儿吧!"

在天使的帮助下,我便成了一个女孩儿。

真没有想到,做女孩子还要考试。

又是一次数学考试,面对密密麻麻的题目,我简直呆了,结果可想而知,考砸了!我没日没夜的努力化成了一个大大的泡影。

既然数学不行,那就把英语学好吧,以后没准得出国呢!我这样想着。

我每天起得最早,为的是能多出十分钟记单词。我每天睡得最晚,为的是能多争取点儿时间学语法。可是成绩好像就是要和我作对,又是个75,比上次反而退了2分,我真的好痛苦啊!我又一次陷入了低谷。

挫折给我带来的是难过与痛苦,我真不懂得如何去面对。

不知什么时候,天使出现在我的身边,羽翼,还是那样洁白,那样美丽。

"小叶子，你好吗？做人确实要经历很多的挫折困难，但无论如何，疼痛是成功的前奏。人生难免遇到挫折与磨难，这是必须经历的，只要你从容去面对，努力去奋斗，你必将获得更新的生命。"

我点了点头，明白了其中的道理：挫折，创造新生命。是啊！人生就如茶叶一般，只有经过了沸水的浸泡才能溢出生命的芳香；人生就如雄鹰一般，只有经过了无数次的跌落才能练就强硬的翅膀搏击蓝天；人生就如枫叶一般，只有经过了秋霜的洗礼才能展现最美的红色。

的确，人生少不了暴雨的侵蚀、冰霜的摧残、狂风的袭击，然而经过了这种种挫折之后，你会惊奇地发现，你才是真正的强者。

农家小院

冯静怡

我的家乡在陕西省西安市的农村。你也许会猜到，这里一定是一个充满故事的地方，其实，这里还是一个非常美丽的地方。

并不是我自夸，如果你来到这里，也定会同我一样喜欢上它。且不提那古朴的小桥流水，也不提那引人入胜的青松苍柏，单单是我家这个普通的农家小院，就已经无比迷人。它的宁静、自然和风姿绰约，会让每一个来到这里的人都深深地喜欢上它。

春天，小院里的花开了，有杜鹃、牡丹、月季、芍药，花香招来许多蝴蝶，也吸引着我们全家人的眼球。爸爸在小院里搭上一个瓜架，栽一些葡萄，不久，上面便会结出我们整个夏天关于甜蜜的记忆。我们也会种一些南瓜、丝瓜等蔬菜。当架上的花儿们落了的时候，藤上便结出青的、红的瓜，它们一个个挂在房前，衬着那长长的藤、绿绿的叶，便演化成了一个个别具风情的装饰品。

夏天的早晨，一轮红日渐渐升起，给小院涂上了一层金黄色。鲜艳的花带着晶莹的露珠。小院里的树上，知了在欢快地歌唱。听，这是多么美妙的歌声呀！夏天的夜晚，我们迎着凉爽的晚风，在小院里乘凉。月光如流水一般，静静地泻在每一片叶子和每一朵花上。叶子和花仿佛在牛乳中洗过一样，像笼着轻纱的梦。

秋天，院子里的石榴树上长出了一个个小小的、红红的石榴，石榴咧开了嘴，露出了玛瑙般晶莹、艳丽的果实。菊花开了，有红色、白色、粉色；桂树也开花了，走到家门口，就可以闻到桂花的香味。当然，到了深秋，也会有许多凋零的黄叶。人们说，黄叶的意义在于哺育春天，我说，黄叶本身也是美，正是它们，让秋天的小院里多了浅黄、深黄、棕色、棕红……这样渐变着的颜色。

冬天，小院成了雪的王国、风的世界。爸爸种的瓜都落了。小院里积满了雪花，我和爸爸一起堆雪人。我们用圆圆的雪球做雪人的身体和头，再用石子、胡萝卜为它加上眼睛、鼻子和嘴巴。有时，我们也会在小院里一边跑、一边开心地打雪仗，丝毫没把冬天的寒冷放在心上。

这么富有诗情画意的小院，你们说，谁会不喜欢它呢？

课堂变了

张俊森

今天一上课，陆老师就提议："因为我嗓子难受，所以这节课你们不说话，我也不说话，怎么样？"

天哪！这，这，这怎么可能呢？同学们百思不得其解。陆晨肇小声嘀咕："这还要不要上课了？干脆直接趴在桌子上睡觉得了。""我们可以用唇语来交流。"张声涛一边说，一边向我们演示起来。

"十、九、八、七、六、五、四、三、二、一！开始！"随着倒计时的结束，原本人声鼎沸的教室立刻变得鸦雀无声。我撕下一张纸条，在上面写道："我们用纸条来交流吧！"我把纸条递给旁边的张声涛和陆晨肇看，他们连连点头。于是，大家纷纷用纸条交流自己的想法。通过传纸条，我们想出了一个新的玩法——哑剧表演。

首先表演的是"女超人PK大力士"。陆老师先找了十个男同学，他们一个比一个高、一个比一个壮。紧接着，陆老师又请了一个瘦小的女同学上场，让她和男生们一起表演"没有绳子的拔河"。男同学个个摩拳擦掌、跃跃欲试，一副胜券在握的样子。陆老师今天没发烧吧？这不是摆明了让男生赢吗？

让我们没想到的是，陆老师在黑板上写了一行字——"必须女方获胜。"这，这，这怎么可能？一个男生就能轻轻松松地赢过那个女生，何况十个男生。没办法，师命如山，男生们只能硬着头皮上场了。只见他们左脚在前，右脚在后，全身后仰，咬紧牙关，一副很吃力的样子，双眼还死死地盯着那根"绳子"，生怕那看不见的标记物会越过警戒线。呵呵，一看就是天生的演技派，如果让他们去好莱坞演电影，获得奥斯卡奖一定没问题。再看女同学，一脸的淡定，真不愧是"女超人"。只见她蹲下马步，轻轻地向后一拉，顿时，男生们便被一股强大的力量给吸了过去，那条"绳子"也从他们手中挣脱了出来。男生们倒退了好几步，一副狼狈相，脸上露出了不服气的神情。这场无声的拔河比赛在我们高举双手的"欢呼"中结束了。

接着，同学们又要表演举重。几经推选，陆老师终于"闪亮登场"。她用"镁粉"擦了擦手，好像还是觉得很湿滑的样子，又擦了一遍。这一滑稽的举动逗得大家"哈哈大笑"。陆老师慢慢下蹲，鼓起腮帮子，咬紧牙关，抓住了空气制成的"杠铃"，用力向上一举，"杠铃"缓缓升起，然后又被缓缓地放下。成功了！陆老师一脸得意，还在黑板上写下了"举重大力士"五个大字，真够自恋的！

下课铃响了，整场哑剧表演到此结束。原来，不说话的课是这样子的！真有意思！

万柏林的秋天

白　洁

万柏林的秋天不像春天那样百花争艳，芳香怡人；也不像夏天那样有那么多的小生灵在歌唱；也没有冬天那么美丽。可是，它在我心中是最美的。秋天是握手寒暑的季节。一场秋雨一场凉，前几天一场秋雨过后，不再有酷热难熬的气温，肆虐的秋老虎倏忽不见了踪影。人们走出家门，走进大自然，尽情享受秋天别样的风景；秋天不再有灼人的阳光，晒得皮肤火辣辣的，秋天的阳光给人的感觉是柔和妩媚的；淫威的台风，狂啸的暴雨也已远去，秋风给人的感受是爽快和惬意。

自古逢秋悲寂寥，我言秋日胜春朝。很多人觉得秋天很荒凉寂寞，但我认为秋天是秋高气爽、诗情画意的。果园里、田野里，到处是秋收的场景，到处是农民的笑声。最美的笑容挂在了农民伯伯的脸上。啊！秋天真美啊，美得令人陶醉，美得像一幅画！

冬天是美丽的，冬天的雪花是雪白的，冬天是快乐的。冬天迈着轻盈的脚步向我们走来，秋天挥挥手向我们告别。冬天的雪花，它是大地妈妈最好的装饰品，是树姐姐的快乐精灵。

我爱春天的五颜六色，我爱夏天的烈日炎炎，我爱冬天的冰天雪地，但我更爱秋天的天高气爽！

爱在我家

何安奇

> 我们近视，忽略了离我们最真的感情；我们远视，模糊了我们最近的幸福。
>
> ——题记

父亲沉默寡言，爱从未缺席

　　明日便是期末考试了，可是紧张与焦虑一直在我内心搅着，或许将我压得气喘吁吁，我坐了起来，揉了揉惺忪的眼睛，打开灯，闹钟上的"十二点"大大地映入眼帘。"怎么办……怎么办，明天就要考试了，我一点儿睡意也没有……怎么办，妈妈又出差了！"我自言道，可我耐不住黑夜紧张无助的袭击，我下了床，走到爸爸房门前，犹豫了许久，"吱——""爸爸，我睡不着。"爸爸在闪着他的眼睛，嘴角画出了一道弧线，握着我的手，温柔地说："没事的，不过是一场考试，一个简单的星期三。"

　　我的视线落在了一双手上，暗淡的粗糙的疲劳的……印象中的手，谈不上纤细但灵巧，父亲曾用它为我抹去害怕的泪痕，为我包扎伤口，如今，它被刻上了岁月的痕迹，粗糙取代了光润，不再健美而有力，不再变幻多姿地逗我一笑，那粗壮的手指，瓦片般厚的指甲，树木般粗糙，隆起的青筋彰显了堆积的劳累，我心里顿时感到淡淡的辛酸如潮一般的涌来。

母亲大显厨艺，爱温柔细腻

　　好不容易才盼来了一个星期六，学业的繁忙，作业堆得像喜马拉雅山一样高，压得我都喘不过气来。只是好像一只气球被钉子砸破了，干瘪地躺在沙发上看着电视画面。厨房传来老妈的河东狮吼——几乎震破了我的耳膜，"做完作业不会复习一下啊！才考那么点儿分！"

　　母亲还常定格在这样的一个场景中，脸上无特意安排的表情，慈祥一词握住了她，你们可别被这美丽的画面骗了，看着她正在辛勤地准备晚餐，她最擅长的莫过于将她买的东西全部放进锅里面——"一锅熟"，经常看那些美食杂志，也不见得厨艺有多大的进步，做汤圆居然采用便便状，炒菜调味把糖看作盐，调饺子馅儿将酱油错放成了醋，只有我们想不到的，没有她做不到的，这也使得老爸hold不住，经常买快餐给我们吃。有时，我和妹妹只好半夜偷偷吃泡面了。

妹妹傻里傻气，一股"大人范"

母亲安排了她的三员小将做任务，妹妹负责洗蔬菜。她虽然小小的年龄，但看着就是一个典型的小大人。用她一年级学历的思想琢磨到：衣服不用手洗，蔬菜也不一定用手洗啊。我看着她那窃喜的样子，仿佛世界都在轰动。"咯咯咯——"笑出了她内心的"阴险"，瞧她还在扬扬得意，自豪地拿着凳子搬到洗衣机前，小心翼翼地将西红柿、蔬菜、小白菜放进去，一手按下"开始"，还窃窃笑着。

片刻过后——我家的楼层又在八级地震了。那片震耳欲聋仿佛要将我淹没，"何安妍，滚过来。"妹妹本以为得到一番赞许，昂首挺立。妈妈后面顿时冒着七级火灾。

妹妹，陪我成为吃货，陪我赖床到日落，伤心的时候听我诉说，经常帮我拿巧克力豆。牛奶、冰激凌、旺旺雪饼、好多鱼，都和我分享。她是上天给我最好的礼物。

弟弟憨态可掬，长得就像"维生素"

"咯咯咯……笑死我了！"不用猜，准是弟弟的声音，看他，他一手捂着肚子，一手擦着眼泪。嘴巴张得老大，还不时发出"咯咯"的声音，脸上涨得通红，讲起弟弟，莫过于他的体重，是妹妹的两倍，饭量居我家第二。头像南瓜，鼻子像丝瓜，耳朵像苦瓜，嘴巴像青瓜，他还有一个名字叫"瓜瓜"，想不到丑，也能丑得那么富有维生素。

　　家是一股永远流不断的水，永远有声无声地滋润着我。我庆幸生在一个幸福的家庭中，有努力工作的父亲，辛勤劳动的母亲，聪明可爱的妹妹，憨态可掬的弟弟，构成在夕阳中那和谐的背影，随着泛黄的灯光，将背影慢慢拉长，我用爱贯穿整条地平线。

下雪天

陆婕妤

　　一阵寒潮来临，雪花悄无声息地笼罩了锡城的山山水水，笼罩了锡城的城市和郊外。

　　对于不常下雪的南方来说，这飘落下来的片片雪花，是多么令人激动欣喜啊！也许现在还是清晨的缘故，外面静悄悄的，被雪覆盖着的草地上，一个脚印也没有，白茫茫的一片，令人赏心悦目。大树，虽没有了以前的青葱翠绿，却多了一分冰清玉洁，整个锡城，好似一座被冰雪装饰的宫殿，美丽、圣洁。

　　我再也按捺不住激动的心情，一路小跑，来到这冰雪世界里。我小心翼翼地在柔软的雪花上踩下一个又一个脚印，心中的快感油然而生。我贪婪地呼吸了一口新鲜空气，顿时觉得神清气爽。雪花，还在纷纷扬扬地飘落，落到我的脸上、发丝上、胸襟上，然后又悄无声息地化为水珠，滑落下来。我的脸就像被妈妈柔软的手抚摸过一般舒适。眺望远处那一排排老房子，再也看不到那棕色的、突兀的屋顶；

取而代之的，是给人祥和之感的洁白色，冰凌从屋檐上自然地垂下来，它晶莹剔透，又如钻石般闪耀，如碧玉般纯净、无瑕，给人美感。野草尖上，顶着一小团雪花，远远望去，草地是雪白的，树木是雪白的；走近仔细看，却在这浑然的雪白中夹杂着星星点点的黄绿色。

远远地，我看见前面有一棵小树，披着白色的大氅，在风雪中依然神采奕奕。我带着敬意向它走去，伸手取下树枝上的一团雪，那雪花捧在手里，如棉花一样柔软，像玉球一样洁白。随着时间的推移，雪在我手中渐渐融化，化为一滩冰凉清澈的水。我又用手接住从天而降的一片雪花，它如一朵盛开的洁白的梨花，甚至比梨花更加精致、美丽，还多了一份晶莹剔透。

时针已经指向上午7点，周围的人渐渐多了起来，孩子们都愉快地奔向雪地，在被雪覆盖着的大地上踩出一串串脚印，他们给原本洁白的大地增添了一道道美丽的花纹。周围不再寂静，孩子们那爽朗的笑声，如串串银铃发出的清脆动听的声音，传入我的耳朵，望着他们那天真无邪的笑脸，我的心情也更加愉快起来。

雪，美丽、圣洁的雪，它不仅仅装饰了大地，使孩子们的心灵洋溢快乐，也让大家回味无穷。

参观消防大队

黄宇豪

一看到"119"，我们就想起可怕的火灾，想起英勇的消防员们。这不，一年一度的"消防日"来到了。11月7日，学校组织我们去参观临澧县消防大队。一路上，车在飞奔，心在飞奔，我们满怀激动和兴奋，更充满了好奇。

下车了，小雨淅淅沥沥地飘飞。我们忙撑开雨伞，可是消防员叔叔身着笔挺的绿军装，冒着细雨，昂首挺胸地站成两排，满脸微笑地冲我们招手，热情地欢迎我们。消防员叔叔们英姿飒爽，真威风！

接下来，消防员叔叔进行了精彩的叠被子比赛，展示了他们高科技的防火服。

惊心动魄现场灭火表演开始了。院子里摆放着半截铁皮油桶，油桶上坐着一口大大的铁锅，锅里堆满一根根柴火棒。我们围拢过去，目不转睛地看着。消防员叔叔举着火把点燃柴火，一瞬间，熊熊大火向上冲去，火焰像一条喷着火的大蟒蛇，一股滚烫的热浪迎面扑来。我们连忙不由自主地后退好几步，生怕烧到自己。

说时迟，那时快，就在这危险时刻，消防员叔叔迅速提起灭火器，麻利地拧开盖子，沉稳地按压开关，瞄准着火点。"噗——"长长的一声怒吼，浓浓的白色泡沫飞溅而出，像纷纷扬扬的雪花急速从空中飘落下来。短短几秒钟，烧得正旺的火苗就被扑灭了。

我们惊叹不已：天哪，消防员叔叔救火如此神速！不过，我想：正因为如此，他们才能扑灭一场场大火，减少一次次财产损失，挽救一个个生命！这真是训练有素、纪律严明的消防部队！

不知不觉，一个小时过去了，我们恋恋不舍地离开了消防大队，但那熊熊燃烧的大火会时时警醒我们注意消防安全，神勇的消防战士们的形象会深深刻在我们的脑海中！

窗外飞来一把伞

刘淑君

繁星点点，我坐在窗台前看星星。突然，远处的织女星神秘地眨了几下眼睛。

不一会儿，一把精致的小伞旋转着向我飞来。我连忙打开窗子打量，粉红色带着白点的伞面，金色的伞柄……仔细一看，下头还系着一只绿色的小篮子。

近了，近了，小伞竟然在我家窗台上停了下来。天哪！篮子里面还站着一个拇指大的织女。见到我，她打了招呼，我顿时呆住了。她竟然是活的！不是小木偶。

我惊奇地望着她。她身着粉红色的宽袖服，头上祥云盖顶，脚踩五彩丝织成的鞋，可面容很憔悴。原来，她是来找我帮忙的呢！每年农历七月初七，喜鹊会为她和牛郎搭桥，让他们小两口相见，可是今年喜鹊们得了禽流感，不能来了。织女为此事日夜发愁，身体一天比一天差。没办法，这才来到人间，找凡人帮忙。

可是我又能怎么样呢？连天上的仙女也办不成的事，我就更不行了。可看着身心俱疲的织女，我还是咬咬牙，答应了。

我冥思苦想，突然灵光一闪："织女姐姐，要不，我把你快递过去，反正别人也只会以为你是一个玩具。可不知哪家快递公司的业务是到天上去的。"

"没事，"一直沉默的织女终于说话了，"我可以联系云朵顺风快递公司，他们家族专门负责天上的业务。"那就好办了，我让织女钻入我的一个玩具盒子，并给她带上干粮：五粒米、四滴汽水和六滴矿泉水。按照她的叮嘱，我还写上了地址：月亮方向左手第二条路一直向前，牛郎收。

好不容易把织女快递出去了，这回可以安心地看星星喽。可这时，窗外又飘来一把蓝色的伞，这次是牛郎来了……

我与书比高

李若涵

"哎呀，真重啊！"我抱着整套《十万个为什么》和《福尔摩斯探案全集》朝第三堆书走去。

你们一定很想知道我在做什么吧。搬家？卖书？还是拿书练臂力？这好像都不符合情理。还是让我来告诉你们吧。

今天老师布置了一项奇怪的作业——把所有看过的书搬到地上，与自己的身高比一比，并把照片发到家长群里。我把这项作业记在作业本上时根本不以为然，心想：几分钟的事，小意思！可现在做起来还真是费力。下午放学后，我把书架上的书先拿下来，然后把十来本摞在一起，放在地上。这一折腾不要紧，累得我气喘吁吁，上气不接下气。光是搬书，就花了二十多分钟，更别提垒书拍照了。看着三堆书，我不禁感叹："原来我已经看了这么多书了啊，要是再加上妈妈平常在图书馆给我借的书，那场面肯定更加壮观！"

我的书多，那是因为我从小就喜欢看书。每次一拿到书，就像粘在我手上一样，怎么也放不下来。有一次，妈妈叫我拿一下沙发上的脏衣服，可我正漫游在福尔摩斯的探案世界中，根本不想离开，心想：干脆把沙发上的东西全部拿给妈妈，让她自己挑不就行了吗？于是，我摸索着把所有的东西都给了妈妈，让她哭笑不得。

不用说，你肯定猜出来我和书谁高了吧？当然是书了！要是摞成一摞的话，估计都要冲破天花板了！

味道小镇

辛铭沁

味道小镇有四个村子，分别代表酸、甜、苦、辣四种滋味。

甜甜村　味道指数：三颗星

第一站我们来到了甜甜村，甜甜村的所有东西都是甜的。据说村里人在一觉醒来之后，总会发现自己的床缺了一大块。这是因为他们每天晚上都要做甜蜜的美梦。梦为什么那么甜？因为他们边睡觉边把甜甜的床当糖块儿啃呀。甜甜村的人怎么吃糖都不会长蛀牙，但你要是去旅游，千万要记得管住自己的嘴——你可没有他们的"特异功能"。对了，甜甜村的空气非常非常甜，就连垃圾散发出的也是一股甜甜的草莓味呢！

酸酸村 味道指数：五颗星

酸酸村里充斥着一股醋酸味儿，你闻久了，肚子就会"咕咕"地响，因为酸的东西都是开胃的嘛。所以酸酸村的村民们特别能吃，顿顿都能吃几十碗饭。如果你不想变成大胖子，那此地就不宜久留哟！

苦苦村 味道指数：四颗星

苦苦村所有的东西都是用苦瓜做的，走在村子里，闻着那股浓浓的苦味，你的表情会不知不觉地凝重起来，很快，眼泪就会流下来……啊啊啊啊啊啊！太抑郁了！快走吧！

辣辣村 味道指数：六颗星（满星）

这个辣辣村啊，医院特别多，还间间人满为患，因为每天都有很多号称自己特别能吃辣的人从世界各地前来进行辣味挑战，结果吃坏了肚子。在这里逛街，必须戴上防毒面具，因为整个村子里都弥漫着炒辣椒的呛人气味。除此之外，还得时刻和别人保持距离，因为这里的人一开口，就能喷出火来……

怎么样，味道小镇是不是很诱人呢？欢迎你来做客哟！

请打开你的灯

朱广霖

"早不下，晚不下，偏赶这时候下雨。"我听着雨点"啪啪"地砸在地上，砸在汽车上，坐在前座上的我皱着眉头一阵抱怨。

我和母亲正在开车赶往流亭机场，正准备去接姥姥和弟弟。出门时，天空只是一片阴暗，愁眉苦脸，哭起来定会一发不可收拾。

果真走在半路就下起了雨，且愈下愈烈。眼前在瞬间被白绸包裹，一层一层似乎永远也冲不破。钻石般的雨点"哐哐"地砸在车上，恐怕砸出了不少的坑吧！地面上硕大的水泡一个个冒出头来，整个高速公路上不禁出现了一道别样的色彩。但，雨天，路滑，大多数车辆都减下速来，格外注意，生怕在这个时候出了什么状况，哪有精力再注意这些"风景"呢。

我也帮着母亲看着路，母亲技术不好，更容易在雨天发生意外。虽然车速很慢，但不时还会溅起一尺多高的水花。一旁还有不少车经过，可奇怪的是不少车都打开了车头车尾两侧的灯，同时忽闪着，像无数个星星在眨眼，可，那不是应急灯吗？又没有出事打开干吗？难道没出事也可以随便开吗？眼前还是一片模糊，白茫茫地乱成一团，不过点点的车灯在这团模糊中格外明显，好似漆黑海湾中的灯塔。有的车速快，有的车速慢，但都清晰地在雨雾中行驶，我也松了口气，如果都这样，雨天里的意外一定会少很多吧。我们在雨中的车流中继续前行，车灯依旧在其中流动，若在上空俯瞰，像极了银河中闪动的明星。

"打开吧。"妈妈轻声说道。我清楚说的是什么，我毫不犹豫地打开应急灯，顿时我们的车也闪烁起来，在这银河中流淌。我想，这才是真正的风景吧，最美的风景也莫过于此。

有时的灯未必是为了自己才开的，有时灯未必为了别人就不能开。人生的旅途上，难免昏暗无光，难免曲折坎坷，难免独自前行，那时就请打开你的灯吧，照亮不了整个黑夜，却足以照亮他人的路。

带着爱上路

崔秀娴

漫步走在泥泞的小道上，周围静得只有风的声音，有点儿怀念童年时光了……

那是个炎热的午后，我与堂姐一齐走在这条小路上，一蹦一跳向奶奶家走去，一转头，身后便飞奔来一只小巧又可爱的一身棕色的小兔子，我呆愣了一下，挥手向姐姐叫道："兔子，兔……兔子！看哪，抓住它。"姐姐疑惑地看看我，随着手指的方向望去，也愣住了。直到兔子不见了踪影，我们才激动地大叫紧握着对方的手，特别兴奋。

这兴奋劲儿还没过呢，奶奶前院的田里一团团白色的"纸片"在冈中乱飞，定睛一看，是蝴蝶，又忽然现出五颜六色的光。我大叫着跑去，手轻轻一拍，合住，再张开时，一只蓝色的小蜻蜓正从手心飞起。堂姐赶忙向我招手，"你看你，把田踩成什么样了？"我回头一看，几个大大的脚印醒目，我不好意思地笑笑，转头又看见一只黄色的菜粉蝶，又追了上去……

午饭前，姐姐手捧着个小鸟窝回来了，里面有五只小鸟。看着小鸟，想到以前，我也曾走到一棵树下，曾经，那儿有个喜鹊巢，人家说喜鹊叫，会有福有好运，我还沾沾自喜了一番。可是现在，唉，已经好久没见着喜鹊了，甚至连我见到就骂的乌鸦也不"嘎嘎"地叫着飞过屋顶了，一切都死气沉沉的像无人的村庄。没有生物的星球，一样无聊。我怀念以前与大自然共同游乐的生活了。

多想回到从前，如果人人对大自然都怀着敬畏、平等的心，如果人人都能善待大自然，如果人人都不再无情地向大自然索取资源，如果人人都不再自私、不再贪婪，如果人人都能轻易满足，如果人人都怀着爱心的话，也许，我们还会回到从前的样子，新鲜的空气，热闹的田野，清澈的河流……可以与动物们和谐相处，共同生存，会多么美好！

有爱很容易，只要有一颗心，谁都会有爱。请把爱带在身上，不要总藏在角落，你的爱给大家的是莫大的帮助。

带着爱上路，世界因你而精彩！

第一次走夜路

邢 菁

人生不知有多少个第一次,我印象最深的是:第一次走夜路。

上四年级时,一个星期天,我到大姨家去玩,天快黑时,我才骑着自行车往家赶。走出大姨家两百多米,天下起了毛毛雨。我根本不在乎,不紧不慢地踏着自行车。过了一会儿,雨下大了,天也暗了下来,我有点儿着急,这才加快了速度。

雨一个劲儿地下,我心慌意乱,眼看天就要黑了,又下这么大的雨……

我往前骑着,一不留心,自行车进了路边的一个土沟里,我急忙将车把拐了几下,但还是"啪"的一声摔倒了。我爬起来,扭正车把,拍拍身上的泥,气恼地说:"鬼天气,真害人!"骂完,我无可奈何地骑上车子继续赶路。

天全黑了,雨也停了,这时候又刮起了风,被雨淋湿的衣服紧贴在身上,经风一吹,浑身的汗毛都竖了起来。由于风大,我只好推着车子步履艰难地往前走。天空一片漆黑。

走了一阵子,我看到前面几个黑影朝我这边走来,顿时,以前看到过的、听到过的鬼故事都涌进了我的脑海。我的心"咚咚"跳个不停。可是,我又希望是自己的眼睛出了问题——根本没有黑影。但又仔细看了看，确实有黑影呀！而且离我只有十米左右了，怎么办？我怕极了，大气不敢出，此时此刻，我好像跌入了无底深渊，面前是无数的魔鬼。真想大喊一声："爸爸呀！妈妈呀！你们快来呀！"但心里明白这是不可能的，只能靠自己，我又强作精神，在心里默念着："我要勇敢，我能战胜他们。"于是，我加快了脚步，走近一看，原来是一群人！终于，悬着的一颗心放下了。

又走了十来分钟，看到灯光了。啊，快要到家了，我忽然从昏暗的灯光里看到一个人影，是爸爸。我急忙推车加速跑过去，扑进了爸爸怀里，不知怎的，眼泪就流下来了。

第一次走夜路，我学会了坚强，懂得了任何事情并不像自己所想的那么糟，只要硬着头皮去做，勇敢地走下去，一定会胜利。

从此以后，只要我在学习上或者生活中遇到困难而灰心丧气止步不前的时候，我都会想起第一次走夜路的情景，于是振作精神，勇闯难关，往往收获意想不到的快乐。

我帮妈妈洗脚

赵　领

> 谁言寸草心，报得三春晖。
> 　　　　　　　　——题记

我的妈妈是一位纺织厂里的整经工，由于订单又急又多，她几乎每天都需要加班，每次总是拖着疲惫的身躯回到家。到家后她还得做饭，洗衣服，一直忙个不停。

小时候，无论她有多累都会帮我把脚洗得干干净净，现在我长大了，也该轮到我感恩的时候了，我想为妈妈洗脚。

我提前做起了为妈妈洗脚的准备工作。我先拿来了开水瓶、洗脚盆与毛巾，先往盆里倒了滚烫的水，又加了一些冷水。用手试了一下，暖暖的，好舒服。虽然水很平淡，但我要让它充满爱的情感，表达我的孝心。

我把妈妈拉到卫生间，笑着对妈妈说："妈妈，请让我为您洗脚吧！"

妈妈疲惫的笑容中显出了惊讶："今天太阳从西边出来了，你怎么会想到帮妈妈洗脚呢？"

"谁言寸草心，报得三春晖。您的恩情我一辈子也报答不了。从小到大，您不知为我付出了多少，为我洗了多少次脚，我这一次帮您洗脚又能算得了什么？"我说着便帮妈妈脱下鞋和袜子，让妈妈的脚浸入水中。

我仔细观察了妈妈的脚，妈妈的脚冻得通红，显得比较肿大。我轻轻地按摩着妈妈的脚，我触摸到妈妈脚底有一个部分又老又硬，比干燥的树皮还要粗糙，上面凹凸不平，我便疑惑地问："咦，这是什么？"妈妈笑着回答："这是老茧。""那你为什么会有老茧呢？"我又不解地问道。"因为我是一个整经工人，工作比较忙，每天走的路程相当于从富安到东台的路程那么远。"她回答说。触摸着妈妈这双脚，我感慨万千。是妈妈辛辛苦苦在外面打拼撑起了我们的家，是妈妈无微不至地照看年幼无知的我，是妈妈细致耐心地照料她残疾的老公，是妈妈不辞劳苦地照顾她受伤的母亲。一生中，她不知经历了多少困难，但她从来没有被困难打倒过。她是一位伟大的母亲、无私的妻子、富有孝心的女儿。我捧起妈妈的脚，用毛巾从上到下搓洗着，水有些凉了，我又加了一些热水，继续用毛巾搓洗着……终于我帮妈妈洗完了脚，我把毛巾拧干了，帮妈妈把脚擦干净了。然后，我把妈妈的脚放入我的怀中。

我看到妈妈的脸上露出了欣慰的笑容。妈妈给了我一个拥抱："孩子，你真的长大了。"

以前从没帮妈妈洗过脚，这是第一次。第一次帮妈妈洗脚，才感受到妈妈对我平日的付出到底有多大。一份孝心的体验，体现了你对家人的爱。让我们都为家人做一些事，来回报他们对我们的那份爱。

离家出走

华英姿

"妈……我出去玩了啊！"

"回来，你这死丫头又上哪儿去？整天和那些同学在学校玩得还不够？回来，哪儿也不许去！听话，今天下午我领着你上老奶奶家去。"

"你怎么这样呀，我跟同学们都说好了，你总不能让我不讲信用吧。"

"跟你同学说好的是你，关我什么事了。你爱出去就出去，最好出去就不用回来，爱上哪儿上哪儿。"妈妈的口气，失去了以往的委婉，相反还带着一种厌恶和生气。

"走就走，你当我愿意在这破地方待呀，我早就想走了。"说完话后，我摔门而出。

　　我应约来到了小学的门口，一看他们已经早在这儿等着了，我便大喊了一句："走，今天我们去玩个痛快，可算没人规定我几点回家了。"

　　一个下午的时光总是过得这么快……

　　一个人，走在的回家的路上，想回家，又不想回家，两种念头在我的心里交织着，争辩着，最后我还是决定不回去了。不知不觉，竟然走到了家门口，我抬起了沉重的手，刚想敲门，一想不对，我不能回家，我还是转过身去，朝着奶奶家的门敲了过去。

　　奶奶开了门，惊讶地问着："怎么不回家？"这时眼泪竟然不争气地流了出来。我抽抽搭搭地哭着说道："我又跟我妈吵架了。她说我出了门就别再回去。""走吧，我送你回去。"

　　我点了点头，奶奶敲了敲门，这时一个焦急又略显憔悴的身影出现在我的眼前，她缓缓地张开口说道："你怎么才回来。"我的眼泪再一次夺眶而出。抽噎地说："妈，我错了。"

　　离家的路我本以为可以骄傲地走，却怎么也没有想到，最终我还是沿着这条路走回来。我才发现，那是离家的路，也是回家的路。

我家的小花猫

样子瑞

　　我家养了一只猫，今年一岁了。它的毛色黑白相间，十分漂亮。

因此，我给它起了个名字叫"花豹"。

小花猫不仅毛色漂亮，而且形象可爱。两只尖尖的耳朵长在脑袋上方，时而竖起，时而左右摇晃，听觉十分灵敏。圆圆的脸上扑闪着两颗神奇的眼珠子，上午是蓝色的、中午是黄色的、晚上又变成绿色了。小小的鼻子就像一颗黑色的扣子，点缀在嘴巴上方。嘴巴两旁还有几根长长的胡须。四条腿前短后长、强壮有力，走起路来悠闲自得，后面托着一条长长的尾巴。跑起来可快了，像一阵风似的，转眼间就不见身影了。它躺在太阳底下睡觉时，便眯上眼睛，伸展四蹄，真实舒服极了。它的爪子下有一层厚厚的肉垫，怪不得跑起路来没有一点儿声响呢！

小花猫有时也干点儿坏事惹家人生气。有一次，妈妈从冰箱里拿出一块肉，洗好后放在了桌子上。妈妈走后，小花猫大摇大摆地走了进来。它翘起鼻子上下左右来回嗅，然后跃到桌上，叼起肉钻到桌下吃起来。妈妈发现后，严厉地训斥了小花猫。此时的它，蜷缩在墙角低下头，就像一个做了错事的孩子似的，然后又"喵喵"地叫了几声，好像在说："尊贵的主人，我错了，以后再也不敢了。"妈妈见它那副知错的样子，饶恕了它，没再追究它任何责任。

还有一次，小花猫在镜子边玩，一扭头，发现镜子里有一只跟自己一模一样的小花猫。它生气了，猛地扑过去，"哗啦"一声，镜子碎了。它怔了怔，然后飞快地逃离现场，几天都不敢回家。就在全家人早已把打碎镜子这件事忘得一干二净的时候。它又趴在我家对面的屋顶上，朝着我"喵喵"叫个不停。仿佛在说："小主人，帮我求求情吧，我不是故意打破镜子的。"我被小花猫敢于面对现实、敢于担责任的精神感动，于是向它挥手示意：没事了，风平浪静了，赶快回家吧！

这就是我家的小花猫。它不仅毛色漂亮、形象可爱，而且通人性、有灵气。我十分喜欢它。

自信是一种姿态

黄筠秀

最新一次考试成绩出来了,我们一班人挤在小黑板前张望。我凭借身高优势和一双雪亮的眼睛,站在圈外看,也免得被挤来挤去。

好友小糖奋力挤出人群,站在我的身边,兴奋地嚷嚷:"站那么外边怎么看得见?你知道自己分数了吗?"我点点头,知道了,班级第二,和班长大人差一分。小糖继续嚷道:"只差一分哦!下次能超过班长吧?"我勾起了嘴角:"那当然。"突然小糖紧张起来,我顺着她的目光望去,班长正在不远处,看上去听到了我们的对话。班长的哥们儿对着天花板又好像是对着我们大声说道:"自信过头,那可就是自恋。"而班长只是冷冷地看着我们,嘴角挂着一丝不屑的笑。我故作淡定地笑了笑,拉起小糖,去食堂吃饭了。

路上小糖愤愤不平地抱怨着,我淡定地回答道:"没事没事,我可是优雅大度的淑女呢,不和他们计较。再说我就是自恋呀,自恋能让我超越那一分,成为第一。"小糖眨巴着大眼睛望着我:"你说话好高深哦,好文雅、好难懂哦!"我粲然一笑:"那是,因为我有内涵嘛。哎呀,这个不能说出来,我还应该谦逊才对。"小糖无语:"绝对的自恋,鉴定完毕。"

买了饭,我取出一张纸擦了擦凳子,早已一屁股坐下的小糖吃惊地望着我："你洁癖啊？"我抚顺裙角坐下，继续微笑："只有纯白的裙子才配我精致的小腿，还有，'癖'念第三声。"小糖摇摇头，一边大口扒饭一边含糊不清地问道："你呀，是不是自恋到认为自己聪明得不需要做作业就能拿好成绩呀？"我一愣，咽下刚送入口中的一块葫芦，保持我招牌微笑："不是哦。我自信是自己是最好的。相信自己只要付出努力，哪怕原来不是最好的，也会成为最好的。"

是啊，是自信让我变得优秀。自信让我认为我是优雅大度的淑女，我便用淑女的标准要求自己；自信让我觉得我是优等生，我便努力成为了优等生。

放学了，我拿着扫把仔仔细细地扫过教室的每一个角落，接着端水擦黑板、拖地、移桌子。我踮着脚小心翼翼地走过刚拖完的地板，锁门前满意地看了看一尘不染的教室：嗯，我打扫的教室也应该是最干净的。

又一次考试成绩出来了，我站在人群外远远地看到了自己的名字挂在第一个。淡然微笑，早已料到的不是吗？是自信让我成为最好的。

第一次独睡

陈文洵

还记得那年，我刚满5岁，已经是大班的小朋友了。一天，我回到家就向爸爸妈妈宣布："我是一个男子汉啦！"爸爸连忙接过我的话茬儿说:"男子汉?还跟爸爸妈妈一起睡觉,算不得男子汉!""我就是男子汉!"说完我噘起嘴。妈妈见我一副不服气的样子,便走过来抚摸着我的头说:"我也觉得你是个男子汉,如果你敢一个人睡的话。"我一赌气说:"一人睡就一人睡!"说着我还和妈妈拉了钩。

晚上到了睡觉时间,我一个人来到自己的小房间。妈妈早就为我铺好了床,整齐的被子上放着我最喜欢的狗熊。我躺在床上,抱着熊熊,淡红色的灯光照着整个屋子,很温馨。我心想:一个人睡有什么可怕的?我躺在床上一会儿和狗熊说话,一会儿耍自己的小手指……一会儿,妈妈来到我的房间说:"宝贝,怕不怕?"我掷地有声地答道:"不怕!"妈妈说:"那就关灯咯!睡吧,祝儿子做个好梦!"妈妈把灯关掉离开房间后,我睡在床上暗自嘀咕:"你们太小看我了,我怎么会害怕呢!"

时间一分一秒地过去了,可我根本没有睡意。四周黑漆漆的,我翻了个身,突然看见床那边躲着一个人,顿时我身上的每一根汗毛都竖了起来。我一个鲤鱼打挺,腾地起来一看,原来是我的衣服堆在那里。接着,我的思维完全不受我控制了,动画片里的灰太狼、风魔、水怪全都在我面前蹿来跳去,样子十分狰狞。我用被子把全身裹得严严实实的,手都不敢伸出去,生怕被怪兽当成美餐啃掉。

窗外一阵微风吹过来,吹得窗帘一晃一晃的,我立马就觉得妖魔鬼怪驾到了,吓得我尖叫着抱起小枕头跳下床,光着脚跑到爸爸的房间。爸爸嘲笑道:"怎么啦!怕啦!你已经是小男子汉了,还怕一个人睡觉?快回自己房间睡去!"在爸爸的护送下,我耷拉着脑袋,很不情愿地回到了自己的房间。老爸转身的一瞬间,我以闪电般的速度拽住他的手,硬是不让他走。老爸无奈地说:"好吧,我看着你睡。"于是,我躺下盖上被子,拉着爸爸的右手。爸爸伏下身子,一边用左手抚摸着我的头,一边哼着《摇篮曲》。不知过了多久,我睡着了。

第二天早上，妈妈叫我起床。我睁开惺忪的睡眼，发现自己独自躺在小床上。我高声欢呼："我是男子汉！我是男子汉！"妈妈亲了亲我，不停地夸奖我已经长大了。从此，我开始了我的独睡生涯。现在，我已经不习惯别人来打扰我了。

我身边的黄昏

王新亚

一架小小的飞机划过天空，在天空中值了一天班的太阳也跟它一起离开了。我知道，等候今天黄昏的是金色的夕阳。

燕子飞走了。我抬头看看，只见那淡蓝的天空上飘着几抹金带。西斜的太阳把她剩下的一点儿金光泼洒在远处的楼群上，楼房仿佛披了一件金纱，闪烁着迷人的琥珀色。天空的蓝意渐弱，从地平线升起的米黄色一点儿一点儿吞噬着天空的淡蓝。

我向周围看看，地上的树木也失去了白天金属似的油亮光泽，变得黯淡、憔悴起来。鸡蛋花慢慢凋零了，剩下的只是光秃秃的树枝；平时勇敢的大王椰突然小声抽泣起来，树干一点儿一点儿被自己的眼泪侵蚀；厚重的橡树叶子也慢慢发黄、干枯……它们都在为太阳的消失而伤心。当太阳遗憾地闭上眼睛时，整个世界都禁不住流下了眼泪。等待我们的将是漫长、无情的黑夜。现在天空分外辽阔，可是，没有太阳的照耀，再美丽有什么用呢？霎时，整个世界被恐惧和伤心冰冻了。鸡蛋花没有长出花蕾，橡树也越来越苍老了。

看！五彩的云霞！这是太阳留给我们最后的光明。即将长眠的橡树请和平鸽捎来了一点儿红艳艳的晚霞，那霞光接替了太阳的工作，照耀着世界。可惜，世界没有恢复往日的辉煌，楼房也从耀眼的琥珀色变成了黯淡无光的土栗色。彩霞褪色了，整个世界惊叫一声，黑夜来临了。

啊，黑夜是多么恐怖呀，深蓝的天上没有一颗星星，最后的白云也消逝在恐惧之中。太阳没有了，明亮的世界要等上几个小时后才能出现呢！

夜深了，许多生灵都悄悄地进入了梦乡，可是，我还舍不得离开。我知道，黑夜一点儿也不寂寞，许多生物正把黑夜当成了大舞台，准备兴致勃勃地登场呢！比如目光炯炯的猫头鹰和调皮的小夜莺……

我还收到了几篇写黄昏的作文，它们各具特色，让我对即将到来的黄昏充满期待！不知道我是不是也能写出一篇满意的作文呢？

我的长胳膊同学

罗锦华

我们班的李佳壮同学有一个特长——胳膊特别长，还能自由收缩。

这天，李航和同桌孙琦吵架了。孙琦吵不赢李航，就把李航的语文书从窗户扔了下去。李航刚要下楼去捡,"丁零零!"上课了,教语文的肖老师已经站到了教室门口。说时迟,那时快,只见李佳壮探头往窗外看了一下,伸手就从楼下捡起了语文书,递给了正不知如何是好的李航。要知道,我们的教室可是在三楼哟!

　　因为这个特长,我们给李佳壮起了个绰号叫"李加长"。虽然有这种特长,李佳壮却从不欺负同学,相反,他还帮过我们很多忙。

　　一次,学校举行地震逃生演练。在大家集体下楼的时候,我们班跑在第一的小个子陈雨口袋里的一个钢镚跳了出来。陈雨可能忘了我们正在进行逃生演练,竟然弯腰去捡钢镚。眼尖的李佳壮发现了,他隔着前面的十七个同学,一把抓住了陈雨的衣领,硬是把他抓离地面,带到了安全的操场上。要不是他处理及时,酿成踩踏事故就太可怕了!

　　"李佳壮,我的数学作业忘在家里了,请帮我拿一下吧。"星期一,都要交作业了,杨瑞才发现自己的数学作业忘带了。他赶紧向李佳壮求救。说来也奇怪,李佳壮的胳膊就像长了眼睛一样,眨眼工夫就伸到了五六里外的杨瑞家,把作业拿到了手。"李佳壮,今天要升旗,可我忘了穿校服,快帮帮我!"唐继轩也来求救了。李佳壮二话不说,胳膊就像天线一样不断延伸,一直伸到唐继轩家,打开衣柜,把校服给取了出来……

　　班里有这样一个长胳膊又乐于助人的同学可真不赖呀!

莫攀比，勇敢做自己

陆佳羽

生活在这样一个繁华的世界，人们看着香车美人，艳羡不已；望着明星华丽耀眼，暗自垂怜。在对比中看到自己的不足，却忘了自己的过人之处。其实，盲目攀比，膨胀了虚荣心，徒增烦恼和伤感，甚至"比"出悲剧。过自己真实的生活，才是人生的真谛。

"比"出来的虚荣

据中关村科技园苹果卖场人员透露，随着大学生开学日期的临近，"苹果系列"产品销量居高不下，主打市场就是大学生，许多学生一上来就要"苹果三件套"，且都是要高端原装设备。销售人员见父母难以满足孩子奢侈的要求，劝孩子不要买太贵的，谁知孩子恼怒喊道："不给我买就等着我上大学丢脸吧！"这句话被曝光后，伤了很多家长的心。许多家长深有体会，纷纷批评孩子提出的种种无理要求。孩子们炫富摆阔已经成了时下盛行的风气，拿着父母的血汗钱只为了满足自己可怕的虚荣心，教育的"被扭曲"足以让所有人惊诧，在大学里显摆本就已经违背了"十年寒窗，求知识学做人"的教育宗旨。孩子们在攀比中越陷越深，实在令人心寒。人生在世，但求一个

淡字，争来比去，反而为人生加重了负担，被虚荣心压得喘不过气。

"比"出来的伤感

当客人感叹"哀吾生之须臾，羡长江之无穷"时，苏轼笑而对曰："苟非吾之所有，虽一毫而莫取，唯江上之清风，与山间之明月，耳得之而为声，目遇之而成色，此造物者之无尽藏也，吾与子之所共适，而又何羡乎？"短短数十字，便将人生知足常乐、豁达大度的境界生动诠释。曾听过这样一则故事，一个风华正茂却家境贫寒的小伙子路过一座富宅，见垂垂老矣的富豪坐在躺椅上晒太阳。小伙子走过宅子后感叹自己一事无成，羡慕富人舒适的生活，而富翁却暗自伤心，自己年老多病，不如小伙子朝气蓬勃，充满活力。每个人都很容易从他人身上看到自己所缺少的，然后艳羡不已，徒增悲伤。其实，每个人都有其值得骄傲的地方，何必因对他人的盲目艳羡而令自己感伤？不如同苏轼一般，吟一声："苟非吾之所有，虽一毫而莫取。"诵一句："而又何羡乎？"这岂不更自在快活？

"比"出来的悲剧

一青年为买iPad，两万元贱价卖掉自己的肾。此事着实引起了不小的轰动，最后结果已不是我们所关心的，我们所看到的，是当今社会因"比"而发生的悲剧，这是血淋淋的事实。如果社会再如此麻木，视而不见，那之后也许将发生更大的悲剧。我们应深思，一个"比"字将社会推向了浮躁，要如何才能让社会降温，重回平和？

其实，"比"本没有错，错只错在人心将"比"扩大、延伸，成为满足内心贪欲的理由，"比"来"比"去，终究为"比"而痴迷，为"比"而丧失自我，何必呢？随心所向，素履所往，回归内心的纯真，平淡地听从心的召唤，不是更好吗？过自己真实的生活，才是人生的真谛。

莫攀比，勇敢做自己！

平凡感人的细节

胡彩霞

细节如影随形，它时时伴随在我们身边。细节是放学回家后母亲的一声问寒问暖；细节是做完作业后父亲的一句早点儿睡觉；细节是讲完题后老师询问你是否懂得的眼神；细节是生病后朋友递来的一丝不苟的笔记。细节很小，却让人持久地感动。

我们都是凡夫俗子，都是普普通通的人，不仅伟人与我们不贴边，有时甚至只能算是庸碌。生活是由鸡毛蒜皮的琐碎所串联的，没有八点档肥皂剧中的戏那样煽情，却有比电视剧更加真实、更感人的细节。孟郊写下了"临行密密缝，意恐迟迟归"的细节，让无数游子为之落泪；王维写下了"劝君更尽一杯酒，西出阳关无故人"的细节，让无数行人为之嗟叹；苏轼写下了"小轩窗，正梳妆"的细节，让天下有情人为之唏嘘。只是细节，又不止是细节，它包括了细节本身背后的深深情感。

最让我时时想起并感动不已的是一幅画作：伦勃朗的《犹太新娘》，穿着美丽衣饰的夫妇，有着沉郁内敛的表情，暗色的背景下，两个人相依偎着，没有对望的双眼，没有起伏的情节，只有相握的

手，仿佛是某个不经意的瞬间，攫住了画家的心，让它留在画布，即使是几百年后，依然默默相依，此情不渝。而对观者来说，无论多么华丽的衣服都掩不住的，是他们的深情，是相濡以沫共同走过的，和还将要走下去的人生历程，是"执子之手，与子偕老"的诺言。这是一个多么淡然而又有深情的细节。

其实我们的生活中又何尝不被这种深情包围着呢？只是没有引起我们的注意罢了，其中有母亲为父亲端上的一杯热茶，织就的一件毛衣；有父亲为母亲充好的一个热水袋，倒好的一盆洗脸水；也有他们帮我准备的一日三餐，和我替他们轻轻地捶背。我们不能希求生活变得如何伟大，我们只求把细节做得更好。"一句话，一生情"，歌词有时就这么轻易道破了生活的真相。真正的温情，只在细节中默默传递；真正爱你的人，也只在细节中表达关爱。一如母亲、父亲、老师、朋友、爱人。

那滴油，那份爱

李　淼

> 伴随着连绵不断的蝉鸣，我接受着微风的洗礼，感受着奶奶对我的爱。
>
> ——题记

风声依旧，蝉鸣依旧，池水也如往常一样哗哗地流淌。只是今天，我突发奇想地要做一顿午饭给家人尝尝，奶奶听后，吃惊之余，不禁有些担心。

　　我主意已定，立马跑向冰箱，挑了几个新鲜的鸡蛋，又找来几个西红柿，打算做一道美味的家常菜——西红柿炒鸡蛋。我拿起鸡蛋，在碗沿磕了磕，伴随着清脆的声音，光滑圆润的蛋清包裹着鲜艳的蛋黄滑落碗底，微微晃动着，宛如刚出生的婴儿般眨着纯洁的眼睛。我拿起的筷子居然抖了抖，实在不忍心破坏这份美好。当我下定决心准备搅鸡蛋时，奶奶却忽然出现在厨房门口，担心地说："顺时针搅哈。""哦！"我随口回答道，手忙脚乱地搅了几下，便顺手将鸡蛋倒入滚烫的锅里。

　　"哎！你还没倒油呢！"我耳边又响起了奶奶急切的叮嘱，连忙将油倒入锅里。"啪，啪，啪！"油一入锅，便溅了起来，我连忙大叫起来："护驾！护驾！"奶奶从外面冲进来，将我护住，又连忙把锅盖盖上，将火熄灭。天哪！危险总算过去了，可奶奶刚才护着我的手臂上却新增了几个小红点，那是溅出的油留下的痕迹。

　　我赶忙跑进屋里，拿来酒精为奶奶擦拭着伤口，可奶奶笑着说："看你大惊小怪的，整天做饭，被油溅到那可是常有的事。"

　　处理好奶奶的伤口，我正要接着去炒菜，奶奶却拦住了我："还是我来吧！""哦，好吧，那您小心点儿。"我放下锅铲，极不情愿地走向了客厅……

　　厨房里不时地传来噼里啪啦的炒菜声，以往觉得难听，可这一刻，那声音忽然变得美妙起来了。我以前只知道厨房是诞生美食的场所，今日才明白，爱也在那方小小的空间内得以孕育，并且芬芳四溢。

"猫""鼠"大战

徐鸿翔

狼爸、虎妈的教子故事家喻户晓,可您知道猫妈的故事吗?且听我道来——

猫妈就是我妈,她对我管制忒严。我怕她,就像老鼠见了猫。这不,猫妈又给我这个鼠孩儿下达死命令:作业未好不准看电视,即使作业完成也不能长时间看。为了掌控我,她挖空心思出怪招:一、暗留记号,变换电视遥控板的摆放位置。二、探测电视机后背的热度。

一开始,我确实被防鼠利器吓住了,不敢轻举妄动。不过,经过分析摸索,我终于找到了防"猫"良策:一、保留记号,用一样东西替代遥控板的位置,看后照原样放好;二、赶在猫妈下班前半小时关机,开动电扇降温。

一连几天,愣是没被发觉。一天,妈妈问道:"洋洋,今天偷看电视了是不是?"我故作镇定地说:"没有啊,作业还没做完,哪有时间看啊?""没有?!嘿嘿,遥控板本来只露出桌边四分之一,现在竟然超出了一半。再说,你学习的坐椅怎么是凉的?"我哑口无言。原来猫妈换新招了,认栽吧!

吃一堑长一智,"猫"高一尺,"鼠"高一丈。有了上回教训,我不得不见招拆招:除十分细心观察遥控板位置,给电视机降温外,还增加了用暖宝宝为座椅加热的方法。

自以为天衣无缝，可还是未逃猫妈的天罗地网。"丁零零——"这是猫妈电话查岗，赶紧关机。"洋洋，在写作业吗？""嗯。""快告诉我写什么内容。""妈，别打搅我了好不好，我在构思作文呢！"还好我机灵，谎话编得快。"洋洋，今天妈要加班，晚些才回家。""哦，您要注意身体啊，别累着。"耶，难得的加班，我的《哆啦A梦》又可继续看啰！

我正看得开心，突然听到开锁声，我赶快关上电视。"洋洋，妈回来啦！""不是说加……加班吗？"我结结巴巴地说道。"加什么班？兵不厌诈嘛，我就想看看你到底在干什么。"销毁罪证已然来不及，以下省略无颜告人的苦难描写。

经过几个回合斗争，"猫""鼠"精疲力竭，妈妈说，咱们坐下来好好谈谈吧。妈妈给我讲了看电视的种种坏处，首先是浪费时间，其次是影响视力，有些电视节目质量粗劣。妈妈说，看电视必须有所选择，并且要限时；妈妈还说以后也不再禁止我看电视了，因为禁而不止。我答应妈妈再也不长时间看电视了，因为我认识到了长时间看电视确实不利于身心健康，也体会到了妈妈的良苦用心。

曾经的美好

有时回家会遇到童年玩耍的伙伴，我以为我们可以上去互相问候，哪知道，话语到了嘴边又咽了下去，换来的一个强装出来的微笑……啊！曾经的美好。

曾经的美好

周雯雯

> 抬头看看，天还是依旧的蓝。只不过，我们的眉宇间，多了一份责任，少了一丝童真。
>
> ——题记

还记得在我很小的时候，我天天会和妈妈在一起，两个人手拉着手在长满了油菜花的田野里散步。

我一蹦一跳地走着，妈妈却低着头，冲我笑着。当时妈妈那白皙的皮肤，宛若那梨花一样，含苞待放。而我那红红的脸颊，像柿子一样，谁见了都想上去咬一口。

那时，我特别喜欢说的一句话就是"为什么呀？"只要妈妈一说话，我就会时不时地冒出一句："为什么呀，妈妈？"那似乎已经不是为了知道事情的原委，而是为了一种习惯。当时，真美好。

不知什么时候，我迷恋上了折纸，于是就天天拿几张纸，在折啊折。有时自己折个飞机或者折个青蛙，都会把自己乐坏。为什么呢？因为是自己动手的呀！充满了成就感呢！

当时，妈妈帮我折了一双"兔鞋"，因为感觉那个太漂亮了，于是就一直留着，一直到了现在。

夏天，不太炎热，我们穿了件短袖和邻居家的孩子在家门口的小路上玩起了泥巴。虽然汗珠子一直不停地滚着，我们也顾不上去擦，依旧玩得十分开心。

然而，到了现在，我就再没有拉着妈妈的手在长满了油菜花的田野里散步了。因为我长大了，不好意思了。妈妈，也去上班了，妈妈……原本那白皙的皮肤多了几几道深深的皱纹，岁月是无情的，我也因为沉重的学业，没有那份闲心了。

以前特别喜欢问"为什么呀？"而现在已不再这样问了。有时会这样想：她懂得没有你多。不，我们不能这样想，因为她是你的母亲！啊，曾经的美好。

有一次，收拾东西时，我无意间发现了童年时代母亲为我折的一双兔鞋。便一直在那呆呆地看了许久……当我准备再让母亲为我折一双时，才知道，母亲上班，太忙了，没时间。啊！曾经的美好。

有时回家会遇到童年玩耍的伙伴，我以为我们可以上去互相问候，哪知道，话语到了嘴边又咽了下去，换来的一个强装出来的微笑……啊！曾经的美好。

天空依旧蓝，花儿依旧香，它们都未改变，改变的是我们，过去和现在……

还记得那曾经的美好，现已成回忆，永远珍藏……

舌尖上的小面鱼儿

刘晶晶

要回老家了，一路上，我兴奋不已，叽叽喳喳地说个不停，我到底在兴奋些什么呢？秀丽的山水？新奇的玩具？不，都不是！是令我日思夜想，想要一口吞掉的"小金鱼"。

这可不是大家想的金鱼啊，其实，它是我们这儿比较有名的风味小吃——小面鱼儿。一提到小面鱼儿，我的口水都快流出来了，想着它好看的卖相，回味它绝妙的味道，真是让人内心激动，想赶快吃上一口。这么美味的小面鱼儿，你知道是怎么做的吗？下面，就让我来为你们说说它的制作方法吧！

首先，把玉米面和成稀糊糊，倒入开水锅中，搅拌均匀，接着撒些干玉米面，不断搅拌，不要结疙瘩。等到出现蜂窝状，就好了。接着准备一盆凉水和一个漏瓢，将金黄的面糊糊倒入漏瓢中，面糊从瓢的洞中漏出来，掉入凉水中，就变身成一条条"小金鱼"了。再把"小金鱼"捞出来倒入碗里，加入各种调料，再配上金黄的玉米粒和绿油油的葱花和香菜，一碗香气四溢的小面鱼儿就做好了。

到了老家，我又去吃了日思夜想的小面鱼儿。我坐在餐桌前焦急地等待着，小面鱼儿还没上桌，我就闻到了一股诱人的香味，它调皮地萦绕在我的鼻尖，刺激着我的味蕾，让我的舌头不自觉地舔吮着嘴唇。小面鱼儿上桌了，看到碗里的"小金鱼"，我仿佛站在一个池塘

边,香菜、葱花成了荷叶,小面鱼儿摇身变成了一条条小金鱼,啄食着金黄的玉米粒,在荷叶中若隐若现。

我再也忍不住了,捧起碗,也不顾什么淑女形象,稀里呼噜地开始吃起来。"小金鱼"游进我的口腔,与我的舌头一番嬉戏后往下游去。吃完后,我打了个饱嗝,心满意足地往家走去。

听了我的介绍,你想吃吗?想吃就自己动手做做吧!你也一定会像我一样,爱上小面鱼儿的!

我想生银子

范晓燕

童年是欢乐的,童年是无忌的,童年是……每一个人都有自己的童年,每当我站在窗前,就会不由自主地想起小时候发生的事。

一个宁静的夏夜,我仍然像往常一样要听一个故事才能勉强地睡着。不过,今天这个"金鸡"的故事却引起了我的无限遐想。"金鸡吃谷子能生金蛋,那我吃白纸不就能生银子啦!"我自言自语地说道。这有趣的想法,在我脑海里闪过,时不时鼓动我去吃白纸。一天,我终于忍不住了,一边将纸撕碎一边往嘴里塞,一边还喃喃自语:"人们真笨,要像我这样吃白纸生银子,那不是早发财了吗?"我将自己准备的纸吃完了,但觉得肚子不太舒服,我想这肯定是生银子的前兆。晚上,我没听故事就睡啦,还做了一个美梦,梦见我生了一大堆银子,成了村里的小财主……我还时不时摸摸自己的小肚皮,看它有没有"长大"。"当当……"时针已指向十点，我见自己的肚皮还没有动静，这下急了，便焦急地问妈妈："妈妈，我的肚皮怎么还没有变大？"

"什么？肚子变大？"妈妈用异样的眼光看着我。

"不是您告诉我的吗，那个《金鸡下金蛋》的故事。金鸡吃谷子生金蛋，我吃白纸怎么没有生白银呢？"

"哈哈哈！"妈妈笑了，笑得像一朵绽开的花朵。

我也傻傻地跟着笑了。后来，妈妈告诉我：那个《金鸡下金蛋》是一个童话故事。我却傻傻地望着妈妈，无端地认为是妈妈错了。事后，我仍然做着生银子那可笑的美梦！

啊！童年，你就像一个小摇车，摇出千千万万的欢声笑语，摇出千千万万人的童年琐忆，摇出千千万万的美好。

威震八方的买零食神功

李家贝

昨晚，我和老妈去超市购物。像我这种吃货，一进超市就会直奔零食区。两盒好丽友派，一盒奥利奥巧轻脆……嗯，小当家的方便面也不错，拿三袋。啊，我最最爱的乐事薯片，黄瓜味的、西红柿味的，还有大波浪薯片，真是太棒了！菠萝味的溜溜梅怎么样？新口味的还没尝过呢。哈哈，不二家的棒棒糖，牛奶味的最好吃啦……

我跑到老妈身边，将零食放进她的购物车，购物车一下子就

"超载"了。老妈一脸怒气地开始检查："薯片是膨化食品，不过关。""方便面是垃圾食品，上次不是给你看了方便面的制作视频吗？你不长记性呀？""别一看到电视上打广告的东西就买，你怎么知道它好不好吃？"唉，我妈这咄咄逼人的话，直戳人心啊。不过，我可不会灰心，我的"买零食神功"还没用呢——

第一招：撒娇卖萌

我捏住自己的包子脸，露出甜甜的微笑，对老妈说："我最最美丽的女皇大人，看在我这么可爱、这么爱你的分上，就让你的小公主饱饱口福吧，OK？"老妈一脸傲气："就这些啊？"我马上顺着老妈的心意，添油加醋地说："亲爱的女皇大人，你有着垂柳般婀娜动人的身姿，大大的眼睛水灵灵，长长的头发黑又顺……我认为你就是世界上最好看的妈妈！"老妈满意地点点头，大手一挥："选五样吧。"

第二招：掩人耳目

虽说已经选了五样零食，但这对我来说只够塞牙缝。嘿，老妈正在装蔬菜，好机会！我屁颠屁颠地跑过去，对老妈说："老妈，我选了一些水果。""水果好，放购物车里吧。"我赶紧把小当家方便面和溜溜梅藏在苹果底下，把它们一起放进了购物车。耶，又成功啦！

第三招：出其不意

可能是因为购物太累了，收银处排队的人又太多，老妈拿出手机刷起了"朋友圈"。机会又来啦！我拿上剩余的零食，来到老妈身边，轻轻地、飞快地把它们放进购物车，然后搂住老妈说："老妈，今天辛苦啦！"老妈感动死了，回答道："谢谢啊，我的宝贝女儿。"我心里一阵狂笑：老妈呀老妈，你可知你的女儿有多么机智！

父爱如山

李 琦

寒风刺骨，外边冷得人恨不得整天都想待在那暖暖的被窝里头。不可思议的是，爸爸依然决定把我送到东台人民医院。

"爸，咱还是不去了吧！"我的语气有些胆怯，毕竟我是做不了主的。

"不行，你腿上的疮再不医治，可能会溃烂的。"父亲那深黑的眸子里发出来的坚定的目光仿佛这冬日里的一束阳光直射我心里。

我坐在父亲的摩托车后，厚厚的军大衣包裹着我，而父亲只穿了一件羽绒服。我知道，寒风会穿透那些羽毛的。

想到这里，我的眼眶湿润了，眼前模糊不清。我只好闭上眼睛，享受着父亲带给我的"阳光"。泪和风交织在一起，我的脸上像结了一层薄冰。

车速很慢，"爸，你冷吗？"

"不冷，你冷不冷，要不要我再开慢些？"虽然我看不见父亲的表情，但我可以猜出他的内心。

"不用不用，这样刚刚好。"路边的物体慢慢向后倒退。

"爸，我想睡会儿。"

"好，你睡吧，到时我叫你。"父亲依旧只回答我的话，不扯其他话题。

我靠在"那座山"上竟然睡着了，睡得很安稳，就如睡在床上那般。

耳边没有飕飕的风声，隐约有谈论声了。我睁开眼，我竟然躺在父亲的怀里。医生正给我看病了。

那一刻，我鼻子一酸。奇怪的是，我心里的温度竟然超过阳光的温度。

回去的路上，我们有说有笑。我相信：有如山的父爱，这个冬天必定温暖。

都是贪玩惹的祸

陈馨颖

我闯过许多祸，为此家里人没少打我。

记得在我读四年级的时候，我同学买了一个炫酷的游戏机，全班同学都围着他转，看他双手不停地玩游戏，别提有多神气。我也挤进去，跟他说："给我玩一局吧。"他轻蔑地瞅了我一眼，不屑地说："给你玩？门都没有！想玩自己买去！哎呀，我忘了，你爸妈是不会给你买的！"他说完露出鄙夷的神情。我怒不可遏，立马扇了他一个耳光，他的脸上立即出现了几条血红的印痕。我干脆一不做，二不休，夺过他的游戏机，使劲往地上一摔，游戏机在"咣当"一声后，立即四分五裂。他愣了一下，马上哇哇大哭，泪如雨下，那种惨状不亚于失去亲人。

当我意识到自己闯了祸时，我恨不得立即躲进教室边上的男厕所。班主任老师通知我爸爸来学校，我立即蒙了，我不知道该怎么办，该怎么面对我的爸爸。

爸爸十多分钟的时间就赶到了学校，他到处找我。全班同学都上体育课去了，我却蹲在厕所半个多小时不出来。直到老师发动同学来"追杀"我，我才被他们从厕所里揪了出来。在爸爸面前，我沮丧极了，一是怕爸爸打我，更多的是怕爸爸伤心，我灰头土脸地绞弄着衣服，等待暴风雨的来临。

爸爸一反常态地没有打我，也没有骂我，而是掏出一百元钱给我同学，并教育他以后别太贪玩。至于我，爸爸也许是太过失望，他除了用憎恨的眼睛瞪着我，并没有多说什么，我知道爸爸是顾及我的面子，那狂风暴雨一定要留着晚上到家里再出现。

哎，都是贪玩惹的祸！那晚以后，我就变得格外小心，无论遇到什么事情，都是忍字当先，看到父母因为劳累而过早爬上皱纹的脸，我怎么敢再因为贪玩而弄出什么幺蛾子呢！

可爱的小精灵

陈慧娴

瞧！这个站在你面前的"小帅哥"是谁呢？他就是我的表弟——

大名鼎鼎的淘气小精灵。

别看表弟才八岁，却是一个很有爱心的小男孩。星期六的早晨，我还在床上呼呼大睡，表弟就在楼下喊着："姐姐，姐姐！"真不知道有什么紧急的事，非要打断我的美梦。直到我下楼，表弟才停止了叫喊。他惊慌地说："姐姐，你快看。"我一看，着实被吓着了——有两只燕子横躺在地上。表弟走上前去，把一只燕子捧在手心，用手轻抚着它的羽毛，喃喃自语："小燕子，你一定很疼吧，你放心，我一定把你放到你的'家'里。"我拾起另一只燕子，它已经停止了心跳。这时，奶奶进来了，把受伤的燕子放回燕巢里。就在奶奶要把不幸身亡的燕子扔了的时候，弟弟焦急地说："奶奶，小燕子多可怜，让我把它埋了吧。"在为小燕子举行"埋葬仪式"的过程中，我清楚地看到，他的眼中噙着泪花。

当然，和所有的小男孩儿一样，他也特别爱玩。火辣辣的太阳炙烤下，表弟在田间小道上欢快地奔跑着。哎，他自己逍遥快活也就算了，可他叫上邻家的小孩一同去"招惹"无辜的月季花。他们把开得正旺的月季花的花瓣摘下来，撒在我家的水泥场上。我看到这么"壮观"的场面，正想责问是谁干的"好事"时，表弟忽然从墙后跳出来，笑嘻嘻地说："姐姐，你觉得我铺的红地毯漂亮吗？"我摇了摇头，叹息道："你真是个淘气鬼。你知道吗？这些花瓣我得扫半个小时呢！"表弟翘起嘴，嘟哝着说："为了给你这个惊喜，我的手都被花刺刺了，你却不领情。哼！我再也不理你了！"看着愤愤离去的表弟，我真不知道应该责怪他，还是感激他。

如果因为这些，你就认为我的表弟是一个好动、淘气的小男孩儿，那你就错了。他现在正在学习电子琴呢，而且，学得可认真了。昨天，我去他家，他刚好在弹琴，我就开玩笑似的问他："你长大后，是不是想在乐队里弹琴呀？"他却不屑地说："姐姐，我的理想可是做胖哥哥的接班人！"哦，我明白他说的是郎朗。"可是……郎

朗不是弹钢琴的吗？你弹得是电子琴呀！"表弟抬起头："我将来还要学钢琴，成为一名钢琴家！"看，我的表弟还真是一个有远大理想的小男子汉呢！

　　表弟的爱心让我感动，稚嫩的话语让我哭笑不得，他的自信让我感叹。他是一个大家喜爱的小精灵。

我的理想

李　昊

　　每个孩子都是一粒种子，或能长成参天大树，或能变成娇艳的花朵。而滋养种子的土壤，便是理想。谈到理想，我想说，我的理想时成为一名旅游节目主持人。

　　我一直想，如果"玩"就是工作，那该多好哇！在清澈见底的加勒比海，在水天一线的爱琴海，在薄雾弥漫的伦敦，在古老神秘的埃及……世界各地都留下我的足迹！我能到云南体验傣族泼水节的乐趣，也能到海南体验日光浴的安逸；我将沉醉于日本的温泉，也将惊叹秘鲁的美丽！我希望自己能将世界的魅力展现在大家眼前，与世界各地的人成为朋友，更希望人们能停下匆忙的脚步，给自己的身心放个假，在短暂的生命中，更多地去感受大自然的瑰丽神奇。

　　现在的我，正努力向自己的理想迈进。为了练口才，我每天坚持练习绕口令；为了锻炼随机应变的能力，我主持了许多临时的、根本没有台词的活动；为了克服怯场，我甚至在公交车上为大家唱歌，直

到乘客们拍手叫好……俗话说："有志者，事竟成。"可如果没有行动，志向便会成为空想。我努力着，也坚信终有一天能看到胜利的曙光。我将永远把我的理想烙进我的心里。

每个人的理想都是高贵的，都是可敬的。只要奋力拼搏，它就会破土而出、拔地而起，成为矗立在人生中的参天大树！

我要说声谢谢你

余欣欣

守望，那是每每晚归时闯入眼帘的镜头，那是母爱的姿势，永恒的镜头，永远的期待。

——题记

黑夜在不知不觉中爬上了天空，清冷的月色笼罩着地面。嘈杂了一天的世界变得万籁俱寂。我在桌前用笔"沙沙沙"地耕耘着试卷。你蹑手蹑脚地走到我的桌前，放下一杯氤氲着热气的牛奶，向我投来关切的眼神，想要搂我的手举起又放下。

你还不知道吧，你的一举一动我都看在眼里，不由得微微一笑，想要说声"谢谢你"。

每天下课都已是晚9点，你都会拖着疲惫不堪的身子给我做好吃的，我看在眼里，痛在心里。

由于时间有限，我总是草草地吃上几口，你看着我急急忙忙的样子，都不敢叫我吃慢点儿，生怕我为了赶时间就不吃了。偶然有一次，我看见你正在收拾那些几乎一口没动的饭菜，舍不得倒掉，又不能让我吃剩菜，便想着就当自己第二天的午饭。你回头时瞧见了我，向我投来一个灿烂的微笑。

你微微一笑，我的心微微一痛。妈妈，我也说声谢谢你！

周五放学，你总是早早地来到校门口，不停地向内张望，好不容易发现了夹在人群中的我，便欢喜地迎过来，利落地接下我肩头重如泰山的书包，二话没说就背在自己的身上，还云淡风轻地对我说："这书包这么重，下次别背了啊，我帮你上去取。你现在正在长身子，把骨头压坏了可不好。"

我望着你沉重的背影，想要说声"谢谢你"。

母亲啊，你是荷叶我是红莲。风雨来了，除了你，谁是我在无遮挡的天空下的荫蔽？

千言和万语最终凝成一句话，我要说声"谢谢你"，我亲爱的妈妈。

老家的年会

王艺霖

"回老家过大年喽！"大年初一早上，我回到了日思夜想的家乡。向爷爷奶奶拜完年后，奶奶说："霖，去看年会吧！记着带钱，买点儿香火，到庙里拜拜仙姑。"我随便应了一声，就跑了出去。

年会上人头攒动，各种叫卖声不绝于耳。看，那个转轮标枪，多有趣啊！摆摊的老人把转轮一拨，玩的人拿着小枪瞄准射击，打中几点就能喝几杯饮料，如果打中十点，还能赠送一个玩具呢！做棉花糖的老人把砂糖倒入机器上的小孔内，随着"呜呜"声，糖丝从小孔中吐出来，老人拿着木棍不断地卷，不一会儿一个又大又白的棉花糖便做好了。再看那边，一群人围在一起，中间坐着一位评书先生，他正摇头晃脑滔滔不绝地在讲着什么，旁边的听客们听得十分入神。

　　走着走着，我看见了街边的一座庙，想起出门时奶奶说的话，就走了进去。庙里面的香客很多，我买了一炷香，点燃之后，插到香炉里，然后恭敬地跪在神像前磕了三个头。边磕边听到旁边的老奶奶嘴里念念有词，也听不清说的是什么，只听清最后一句是"祝你成才"。之后，我又拜了大慈大善的南海观音、三皇姑、手拿法宝的四大天王……

　　年会上最精彩的是看大戏。戏堂里人山人海，我好不容易才钻到了最前面。一抬头，看到台上正在演《四郎探母》，演员的表情、动作跟着戏曲进度而变，一个个都演得十分到位。我正沉迷在这出戏中时，突然曲风一变，又换成了《武松打虎》。威风凛凛的武松一出来，就引得观众们拍手称赞。武松与那头吊睛白额大虎的打斗更是让台下的观众看得心惊肉跳，台下一位观众忍不住大喊一声"好"，随后全场都跟着大喊，叫好声一片！

　　时间过得飞快，不知不觉就黄昏了，赶年会的小商贩也都开始收拾摊位了，我带着无尽的留恋往家走。心想，明天早点儿来，一定玩个痛快！

曾经的美好

蚂蚁争食

江印月

晚饭时，一粒白米饭从我的嘴角跑了出去，落到了地面上。这时，不知从哪里跑来一只小蚂蚁，它绕着白米饭转了一圈，就抖动着触角，呼唤同伴们来搬食物，它自己在白米饭的不远处走来走去，好像在等待中巡视着自己的猎物，又好像在寻找另一个目标。

就在这个时候，我看到又一只蚂蚁跑来了，我以为它是刚才那只蚂蚁喊来的同伴，仔细看了一下，发现先来的蚂蚁背部是黑色的，刚来的蚂蚁背部是红色的，显然不是同一个妈妈生的。

果然，红蚂蚁来到白米饭旁边，伸出两只"手"，用力推着饭粒。在一旁"巡查"的黑蚂蚁似乎察觉到了异常，就火急火燎地跑过来，也伸出"手"放在饭粒上，还不停地向红蚂蚁抖动触角，好像在说："这个饭粒是我的，你凭什么来动它？你懂不懂规矩？不知道什么叫先来后到吗？"红蚂蚁也抖动着触角，好像说："先来后到？是我的手先碰到饭粒的，那这个就是我的。"两只蚂蚁不停地"交流着"，终于，"一言不合"，大打出手！红蚂蚁用触角顶黑蚂蚁的腹部，黑蚂蚁也不甘示弱，不停地用"手"拍打着红蚂蚁的背部……

我再也看不下去了，就往地上扔了一粒饭粒，红蚂蚁一见有情况，马上放开黑蚂蚁，迅速地朝这个饭粒跑去……

两只蚂蚁各有收获，推着饭粒慢慢地分头走了，我也看得心满意足，偷偷地笑了。

从天而降的灵感

张俊豪

这天早上，由于快迟到了，我飞奔出家门。突然，电闪雷鸣，下起了阵雨。一滴雨水击中了我的头部，我像触了电一样，马上以刘翔的速度飞奔回家，来到书桌前，打开电脑，登录"创网"，飞速地写起了"吹牛大王"。这时的我简直是"出手成章"，文不加点，才高十八斗，才思如海啸……不到十分钟，我就写了五十篇作文，小编们的眼睛都看不过来了，而且，我的文章数量还在不断增加！

老师见我没到校，就给我爸妈打电话。爸妈来催我上学，我只顾着疯狂地写作文，爸妈怎么叫啊、拉啊都没用，最后，他们只好把电脑插头拔了。没了电脑我怎么写作文？我的灵感还多着呢！我灵机一动，飞奔到了同学家。哟，他也没上学，他也在疯狂地写作文！我和他商量，一人写一篇，他同意了。我们写作文的速度本来就快，现在有了对手，那就更快了，一眨眼就是一篇佳作。

渐渐地，我们发现，好像全世界的人都在写作文。有的人没有电脑和智能手机，竟然直接冲到了《课堂内外·创新作文》（小学版）的编辑部，坐着、趴着、抵着墙……用各种姿势写作文。小编们在干什么？他们倒没有狂写作文，他们在狂编杂志呢。"小创"直接从月刊变到了"分刊",反正身边到处都是好作文,随手拿来一篇就可以排版付印了……

到了晚上,雨水的效果终于消失了。如果下次还有这样的灵感之雨,我一定要多淋点儿!

我最读不懂的人

杨朱朱

从小到大,爸爸在我的印象中总是最忙碌的。每天,最早走的是爸爸,最晚回来的也是爸爸。小时候,每次见到爸爸,我总是爱问:"爸爸,你什么时候能待在家里一天呀?"爸爸却总是一脸神秘地回答:"等你读懂爸爸的时候就可以了。"

渐渐长大,我也明白了生活的艰辛,也大概明白了爸爸早出晚归的原因,却依旧不懂爸爸。

两年前的一个晚上,在外的爸爸因为有事突然回到家中,他回家那天,妹妹不知怎的,一个劲儿地要吃炒馒头,拗不过妹妹,奶奶答应了她。那晚爸爸回来了,看见桌子上的饭后,说了一句"你们就吃这个啊"便径直走到屋外。我不解,跟着爸爸出去了。出去后,我发现爸爸站在外面,他哭了。从小到大,我从未见爸爸哭过,这次,仅仅是为了一件小事,爸爸哭了。我一时错愕,不知如何是好。半响,我拿了一条毛巾给他:"爸爸,别哭啊,这饭是芳芳钦点的,我们平时吃的不是那样的!""你进去看电视吧,我一会儿就进去。"爸爸接过毛巾说。爸爸进屋后,眼睛还是红红的。

那天晚上,我心中有种说不出的温暖在流动,让我十分兴奋。第二天早上,我一改往日的惰性,很早就起来帮奶奶做饭。可进了厨房,看见了爸爸忙活的身影。我对爸爸说:"爸,今天你可以待在家里吗?"爸爸冲我憨憨一笑,说:"好,听你的,今天在家陪你打扑克!""耶,爸爸万岁!"我兴奋地叫道。那天的三顿饭,都是爸爸做的,虽然也都是家常便饭,但我品尝到了从未有的美味,那是父爱的味道。

是的,从我把毛巾拿给爸爸那一刻起,我就知道,我读懂了他的早出晚归,只不过是想让他的家人生活得好一点儿,虽然他没说出来,但在他的泪水中,我读懂了他深沉的爱。谢谢您,我亲爱的爸爸!

我最读不懂的人,这次,我读懂了他。

黄　豆

邓蒙蒙

黄豆是我家养的一条狗。

为什么给它取名为黄豆呢?这是有原因的。

黄豆特别调皮。有一次,母亲刚把炖好的一盘排骨从厨房端到堂屋里的餐桌上,然后折身回厨房拿筷子,就这么一会儿,黄豆便趁机立起身子,前爪扒在餐桌边上,用嘴衔走了一块排骨,这下可把母亲气坏了，抓起一根竹竿就朝黄豆的身上乱敲几下。黄豆疼得叫唤几声，夹起尾巴逃跑了。母亲无奈地叹了口气，"唉，这种事，它经常干，真是让人防不胜防啊。"这时，我姐若无其事地说："你看它，像个豆似哩！"再加上它一身黄毛，所以我就给它取了个名，叫"黄豆"。

黄豆虽然调皮，但也通人性。

以前，我在老家每次上学，黄豆都要送我很远，直到我说好多遍"回家吧"，它才依依不舍地离开我；每次放学，它又早早地坐在距离学校不远处的一座小桥边静静地等候我。于是我和黄豆成了好朋友。后来我转学到县城读书，便想念家里的黄豆，我相信黄豆也会想念我的。因为每次我从学校放假回到家里时，黄豆都会不打招呼地迅速向我扑来，用舌头舔我的手，用头拱我的衣服……

其实，黄豆的身世是非常可怜的。它妈妈是我家原来养的一条大灰狗，妈妈生下它和哥哥、姐姐、妹妹，不到一个月时间生病死了。到了满月那一天，黄豆的哥哥、姐姐和妹妹陆续被亲戚邻居抱走，最后只剩下没人喜欢孤苦伶仃瘦弱的黄豆。

母亲说："蒙蒙，这只小狗很难养活，干脆你把它丢到外面去算了。"

我说："妈，它是只活着的小狗，丢在外面会饿死的，你们不养，我养它。"

一日三餐，我都是亲自给黄豆嚼馍、嚼鸡蛋、嚼饼干喂它。渐渐地，黄豆在我的精心伺候下，身体越来越壮，由小狗长成了大狗。

如今，黄豆在我家整整生活了八年，它有时虽然调皮、不懂事，甚至惹我家人生气，但黄豆早已融入了我家人的生活，成为了我家里不可或缺的一员。

所谓尊严

于志远

　　什么是尊严,这是我久思不解的一个问题。蹬上帆布鞋,背上背包,在这萧瑟的秋风里,我去寻找着心中的尊严。

　　一路欢歌,那是马蹄的轻踏,我们走进树林。橡树洞里偷藏的蜜呀,像琥珀在阳光下闪着的光,像清晨荷叶上灵动的露珠,像秋叶上刚刚融化的白霜,像晴空蓝天中丝丝细云,像蝴蝶翅膀上绚烂的色彩。我看见树上鸟儿的小眼睛在阳光下灵动又欢欣。我悄悄走去尽量友好:"鸟儿鸟儿,你为什么不去远方?鸟儿鸟儿,什么是你心中的尊严?"鸟儿优雅地在空中飞了个旋,"我不去远方,我不去远方,我的尊严在家乡,我的尊严在家巢。""家巢?"我疑惑。我看她衔一支细小的枝儿,像是怀揣着秘密与希望,像是举行加冕仪式的王后,庄重地献上自己的所有。这枝梢儿不够绿嫩,见她在水中将枝梢一摆,那枝儿像是嵌上了宝珠。她重复着一次又一次的动作,谨慎而不厌其烦,让我想起了那远古的精卫,那不抱希望的填海。

　　继续行走,脚下的秋叶聚集了三季的温暖,轻轻柔柔,细细碎碎。遇见小溪,叮咚叮咚,那浪花的笑颜,如水中的明月,似出水的芙蓉。我也跟着奔腾的小溪一蹦一跳,"小溪小溪,你为什么不憩息?小溪小溪,什么是你心中的尊严?"小溪欢快地激起一串珍珠:

"我要去远方,我要去远方,我要去拼搏,我的尊严是奔跑。""奔跑?"我不解,见她曲曲折折,路上不乏巨石与深渊,坎坷与不平。可她一路向前,一路奔跑。这一路上有痛苦,有低潮,经历干涸,也经历丰盈,最终奔流不息,直入海洋。

跨过小溪与绿草,躺在山顶,听风呼啸。有细细的沙土,苍劲的树木,我对山脚大喊:"大山大山,你为什么不飞起,大山大山,什么是你心中的尊严?"大山沉思,继而昂首"我不去远方,我不去远方,我的尊严在这里,我的尊严是坚守"。"坚守"我茫然,见大山日复一日,年复一年矗立,见大山不为所动,见风沙飞扬,岁月磨去他的棱角,他,依然如故。

我顿悟。鸟儿专于家巢,小溪执于奔流,大山千年矗立,这就是尊严。每个人心中的尊严都不同,但尊严从本质上来说是一种执着,是一种信念,是对自己理想的不懈追求。我们无法定义每个人的尊严,但我们可以坚信:尊严可以让我们自由飞翔,欢快前进,昂然天地。可以让我们克服一切困难,可以安守贫困寂寞,不忘初心。而寻找尊严的过程是让曾经不完美的自己日臻完美的一种经历。坚守自己所坚守的,追求自己所追求的,我想,这就是尊严的意义。

当一回"法布尔"

秦哲涵

秋天是收获的季节,也是捕虫的好时节。瞧,我们正伏在草丛里，等待着虫儿上钩呢！

　　我与爸爸尽量把自己伪装得像一团烂草，两只眼睛如雷达般扫视着周围的一切，看看有没有虫子落入我们的"埋伏圈"。一分钟，两分钟，三分钟，都快十分钟了，可是还没有一只虫子上钩。世界上那么多的虫子，怎么今天都销声匿迹了？难道虫子今天都商量好了要与我捉迷藏？我百思不得其解。渐渐地，我有点儿沉不住气了，呼吸开始急促起来。这时，爸爸用眼神告诉我不要乱动，自己则轻轻地退出了包围圈，同时也用眼神暗示我快速退出，以免打草惊蛇。

　　我便跟爸爸藏在一棵树后。突然，我发现树上一个绿色长条状的东西，我定睛一看，差点儿叫出声来，那是一只长达三厘米的蝗虫！爸爸也发现了这个意想不到的猎物，双手猛地扑过去，快、准、狠地抓到了那只可怜的蝗虫。

　　那只蝗虫在爸爸的手心里跳着、挣扎着，但最终因力气消耗殆尽，老实地趴在爸爸的手心里。爸爸乘其不备，从口袋里拿出一根绳子，系在了那只蝗虫极具弹跳力的双腿上。这样，它只能用它的前足缓慢地爬行了。

　　爸爸将那只蝗虫放到我手上，它在我手心里缓慢地爬着，触角微微地颤动。我抓住它的双腿细细端详起来：它的双腿大约有两厘米长，上面布满了倒刺；背部呈翠绿色；腹部呈银灰色；一对棕色的眼睛木讷地望着前方。我随手拾起一片叶子，递到它嘴边，它正要咬到那片叶子，我迅速把手往后一缩，它只咬到了一团空气。它仿佛被激怒了，向我手里的那片叶子发起了进攻，左勾拳，右勾拳，再来个直拳冲击，好似一个训练有素的拳击高手。我的叶子只能甘拜下风了。

　　最后，我把那只蝗虫腿上的绳子解开，它立刻获得了解放，三蹦两跳，瞬间就从我眼前消失了。看来，大自然才是它真正的归属。

　　当一回"法布尔"真有趣！

红薯爷爷

崔文华

是什么样的香气浸满了整个小巷——从头至尾；

是什么样的诱惑钩住了调皮孩童——变哭为笑；

是什么样的感觉触动了穿梭行人——由老到少。

是红薯，是烤红薯的大泥炉，还有那与世无争的红薯爷爷……

红薯爷爷的脸总是黑的，无论昼夜，无论冬夏。黑得明亮，黑得结实。

记得小时候总是扯着妈妈的衣角问："为什么红薯爷爷的脸总是黑的呢？""也许是火烤的时间太长了吧。"……火烤的？是吗？也许吧！

红薯爷爷的头发不白也不黑，是灰色的，带点儿沙尘的枯黄，唯有那牙齿是白的，笑起来那么灿烂，犹如一朵永不凋谢的花，执着地开放在城市的角落里。

总喜欢在逛街时买一个红薯慢慢地品味。品那独特的香气，品那执着的追求，品那坚定的信念。班中的同学也喜欢买烤红薯吃，于是，闲来无事时，几个同学便一起趴在桌子上，讨论吃烤红薯的趣事。久而久之，烤红薯的香味便成了童年亮丽的风景线，而红薯爷爷的形象也深深地烙在了脑海中。

晚饭后，总喜欢一个人散步，而烤红薯的香气也溢满了整座城市。走到哪儿，哪儿就有烤红薯的香气。这香气并不是平白无故的，而是经过沉淀的，一层层的，好像沉积岩一般，历史的年轮又增加了一圈。香气也跟随着历史沉淀，而红薯爷爷便是香气的引诱者，推着大泥炉，随着香气默默地在城市中行走。

鼻孔中扑来红薯的香气……

脑海里一个人，一个大泥炉，一座城市如雾般的香气……

唐诗之花永不凋谢

李蕴诗

夜深人静，我徜徉在书的海洋，聆听大唐王朝才子的心灵呼唤。诗如人的生命"人迷忽觉，如梦忽醒，如仆者之起，如病者之苏"。尘封千年的荣耀被书写，唐诗之花绽放在高山之巅，永不凋谢。银烛秋光冷画屏下，美人脸上凝结的香露，修长的食指在古色古香的琴弦上颤动。满园桃花之下诗人酣睡，悠然乐之。皓月初升，银光朗照在浪西楼上，天下昭然如琼玉。一袭轻纱下的轻歌曼舞，切莫乱了音律，今夜白露倒映出故乡明月。

没有比李白更苍凉的怅惘，大笔一挥就是半个盛唐。王维的大漠孤烟缭绕出落日的豪放；杨万里满塘的接天荷叶承载着映日荷花的幻想。王勃，繁华与孤鹜齐飞，才比天高却命比纸薄；杜甫，吟鞭祈指千尺涯，四年流亡，却从未放弃最初的梦想。

我用"海内存知己，天涯若比邻"临摹她的轮廓；用"举杯邀明月，对影成三人"描画她的盛妆；用"秦时明月汉时关，万里长征人未还"瞻仰她的英姿；用"出师未捷身先死，长使英雄泪满襟"羡慕她的刚毅；用"长风万里送秋雁，对此可以酣高楼"畅想她的绮丽；用"等闲识得春风面，万紫千红总是春"感叹她的隽永；用"会得离人无限泪，千丝万絮惹春风"书写一个盛世传说。

唐诗之花在记忆深处悄然绽放，承载千年金戈铁马，仰望万载刀光剑影，打开尘封千年的记忆与荣耀，在气吞山河中感叹，花开千年。

华美的花朵在记忆中盛开了一个燃烧的国度，那些远去的生命，斯人已逝，花香依旧弥散。愿做一场崇古清梦，永不醒来。坐看云卷云舒，笑看风霜雪雨。人生一世，天地间，我唯愿自由呼吸。愿唐诗之花永不凋谢，永驻世人心中。

演讲的体验

赵 阳

今天，我要参加"阳光少年"演讲比赛了，是紧张，抑或是激动？我的心情就像太阳一样，火辣辣的。

步入比赛教室，我找了个靠窗的位置坐下，这时，我的心紧张得像揣了一只小兔子，扑通扑通地一直跳个不停。放松！放松！手心里还是流出了汗。这时，评委老师到场了，随着悦耳的铃声响起，激烈的比赛开始了。

评委老师宣布开始以后，第一名选手上台了，只见他坦然开始演讲，他的声音宛如流水，抑扬顿挫地娓娓讲述，肢体语言配合得当，把我带进他所描绘的世界中去了。接下来几位选手的演讲同样精彩异常。我为他们赞叹的同时，也更为自己担心。

正当我努力平静自己心情的时候，听到评委老师叫我的名字，真的轮到我了！我边走边调整自己：没什么大不了的，放平心情就好，加油！在为自己鼓一番劲以后，我信心百倍地微笑着走上讲台开始了我的演讲，顿时把自己融进了演讲里。嘿，没想到我发挥得还不错，因为我看到了评委老师会心的微笑。

走出教室，我的心便一下子释然了，我为自己克服了内心的恐惧而高兴，为自己战胜了自己而欢呼！无论成败与否，我都会坦然面对。在今后的学习生活中，我会更多地参加各种有益的活动，挑战自己，磨炼自己，释放自己，让自己的羽翼更加丰满，让自己可以飞上那更高更广阔的蓝天！

月季人生

王成之

那是一个春天的早晨。

当第一缕温暖的阳光温柔地抚过还略带寒意的窗台，我的心便被一种神秘的芳香牵引住了。这一阵沁人心脾的气味，既夹杂着花的芬芳，又和着绿草的清香，还有一种清晨露珠的甜味，这是……

推开窗户，我才发现是阳台上那盆几个月前被自己遗弃的月季开花了！那花瓣像丝绸一样光滑柔软，一片紧挨着一片，显得十分团结，层层叠叠地簇拥着花中间那甜美可爱、婴儿般的花蕊。我简直不敢相信自己的眼睛，摸了摸那枝叶，真实光滑，一点点新绿，在阳光下闪耀着充满生机的翠色。

在几个月之前，它是衰败的，就像一个垂死挣扎的老人，一切的一切，都顺应着地心引力。问题就出在我的记性上，当初，这株月季是我的生日礼物。老爸从市场把幼苗带回来的时候就曾"郑重"申明：你自己的花自己养。

我满不在乎：不就是养个花吗，有那么难吗？于是，我把花随手插在花盆里，填好了土，浇了点儿水，施了点儿肥，然后就把它放到窗外，让它晒晒太阳。

一开始，我还能经常打理，但后来由于学业越来越繁重，一来二去，我早就淡忘了自己曾经有过一株月季，它还需要我的照料。一直到放暑假，我才想起我曾经养过月季这么一回事。及至想起却为时已晚，一打开窗户，我就已经知道它没救了——叶子早就呈现焦枯状，好像已经停止生长。"待明年春天再种点儿什么……"连"枯树"我都懒得拔，直接让它待那儿自生自灭。没想到，仅仅过了几个月，月季就创造了一个奇迹——就在那个早上，它绽放了艳丽的花朵……

其实，人生何尝不跟这株月季一样，别人可能会不在乎你，别人可能会不在意你。但是你自己得在意自己，用自己的自尊、自立、自强赢得生活对你的尊重，活出一个灿烂的明天！就在那阳光洒满大地的早晨，那株月季给我上了人生的一课。

新官上任

任建勋

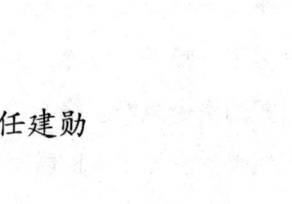

公元2017年9月8日,本人开始担任六年(6)班值日班长。我从老师手上接过"官印"——《班级日记》,心里是格外的兴奋。

当启明星还在天边闪烁,大地一片寂静时,我便在床上辗转反侧,睡不着了。凌晨5点左右,我按捺不住兴奋之情,早早地起了床(这对我来说真是破天荒了)。一番洗漱之后,不到6点,我便急匆匆地来到了学校。谁知,却是铁将军把门,被拒之门外。管门的大叔揉着惺忪的睡眼,一脸的诧异,责怪道:"来这么早干什么?""本人新官上任,岂能不早乎?"我心里嘀咕着,然后连蹦带跳进了教室,打开灯,拉开窗,便坐在讲台旁,边读书,边等我的"臣民们"到来了。

7点左右,校园里开始喧闹起来了,教室里也渐渐变得一片嘈杂:小组长收作业的吆喝声;同学们"一夜不见如隔三秋"的谈笑声;还有几位仁兄买来早点,正吃得津津有味的"咂吧咂吧"声……各种声响响成一片。对于喧闹者,本官当即上前制止,并记下名字,以观后效,至于那些吃早点者,则逐出门外,吃完了再进教室。

早读时间将近,本官便与课代表扯开嗓子,提醒大家早读,但不少人仍各行其是,对我们的提醒充耳不闻,依然乱哄哄一片。"子日……"课代表那抑扬顿挫的朗读声响起，我立即以更高分贝的音调和着朗读，果然，以身作则之后，便有人开始响应，随着大家交汇的声音逐渐洪亮起来。我既已为贤，又怎能不让他们见我思齐呢？

三十分钟的早读一晃而过，早操铃声急切响起。我们处在高层，所以下楼做操一定要迅速。"今天要检查胸卡的佩戴情况！"不知谁喊了一嗓子。哎呀，大意失荆州！我急奔到门口，挨个检查，查到忘戴的责令佩戴。终于检查完备，下面已是哨声四起，我急欲下楼，猛然瞥到空无一人的教室还灯火辉煌，忙过去关灯，再以百米冲刺的速度向楼下冲去……

唉！一天的班长当了下来，腰酸背痛腿抽筋，我终于明白了老班的辛苦。我的兄弟姐妹们啊，好好努力吧，不能辜负了老班的辛苦啊！

我教爷爷玩微信

徐航珠

现在，大家对微信都不陌生了。微信能语音通话、视频聊天，让人无论相隔多远，都感觉像在身边。可是会玩微信的老年人并不多，而我爷爷就会，我觉得他特别厉害。

以前，爷爷的手机是老式按键手机——黑白屏、无彩铃，按键上面的数字早已被磨得看不清了。小姑多次要给爷爷换一部智能手机，但都被爷爷以各种理由拒绝了。他说："手机就是接打电话，我这个就好用！花那冤枉钱弄啥！"于是，给爷爷换智能手机的事就算按了暂停键——没了下文。

端午节，小姑回来看爷爷奶奶，在爷爷不知情的情况下给他买了一部智能手机，要让他的"老人宝"下岗。爷爷知道了，满脸不高兴，看也不看就把手机放到了口袋里。看到爷爷的抵触情绪这么大，我们谁也不敢提教他用智能手机的事。小姑临走时悄悄对我说："教爷爷玩手机的任务就交给你了。"我向小姑做了个鬼脸："保证完成任务！"

一个星期过去了，我写完作业来到院子里玩，看见爷爷坐在屋门口，戴着老花镜，手指在手机屏幕上划来划去。我一看，赶紧抓住机会，说："爷爷，您哪儿不会？我教您吧！"爷爷笑了："行啊！你赶紧教教我咋发微信，你小姑天天说让我用微信和她聊天，你看看用这个手机咋能微信给你小姑。""这还不简单！"我先给爷爷注册了一个微信号，又设置了一个微信昵称——老农民（这可是爷爷自己起的）；接下来教他怎样添加好友、发送文字信息、语音留言，怎样发送照片、视频，如何把照片分享到朋友圈，怎样点赞、给别人评论；最后，我特别教他怎样使用视频通话。我教得认真，爷爷学得来劲儿，还不断地重复练习，哪儿不会，赶紧问我。玩了一会儿，爷爷高兴地说："这微信就是方便！"

经过我的耐心指导和几天的练习，爷爷终于学会使用微信了。这不，爷爷把我家小牛犊吃草的照片分享到了群聊里，大姑、小姑、爸爸、妈妈和远在天津的表哥纷纷评论，称赞爷爷的拍照技术好，夸他思想进步！爷爷又把我家地里开小黄花的绿油油的花生拍了幅照片分享到朋友圈，他的微信好友纷纷点赞。爷爷看到后，乐得脸上开了花。看见爷爷高兴的样子，我也特别开心，你要问因为啥，那还用说——成就感呗！

在国家大剧院感受高雅与文明

江肖肖

"轰隆隆——"随着地铁奔驰,我的心也已经飘向了位于神圣的天安门西侧,那个"悬浮"在水面上的银白色椭圆建筑,那个亚洲最大的剧院综合体,那个被誉为"湖上明珠"的国家大剧院。国家大剧院作为新北京十六景之一的地标性建筑,据说耗资31亿元人民币,它的主要设计者保罗·安德鲁曾说:"我想打破中国的传统,当你要去剧院,你就像进入一块梦想之地。"

梦想之地!

当我随着人群有序地走下地铁一号线,便看到C口直达国家大剧院。哈哈!想不到地铁里,竟然有直通国家大剧院的地下通道,这难道不是避免拥堵的最佳办法吗!地上两条道,地下竟然还藏着一条道!这样,大家可以从大剧院出来以后,直接上地铁,文明出行。还可以避免地面上的两个门过于拥堵,真是一举多得啊!

走进通道,两旁都是演出的海报,一股股浓郁的文明气息扑面而来,这个把"人民性、艺术性、国际性"作为办院宗旨的国家大剧院,成为中外艺术交流的最大平台,自然而然地吸引了国内外热爱艺术、追求艺术的人们。

当经过严格的安检迈进国家大剧院,发现两旁都是栩栩如生的艺术品，还有免费的解说人员，让我感到了艺术超越金钱的魔力。在这里，不但能感受到主题展览带来的浓厚艺术氛围，还能感受到馆藏丰富的资料中心所营造的独特的艺术体验，以及琳琅满目的艺术精品长廊所带来的非凡的体验。我静静地欣赏着，让我震惊的是，我的头顶上是透明的玻璃和冬季不结冰、夏季不长藻的人工湖，让人犹如在水下的龙宫徜徉。左右的小雕塑在波光的映射下，白玉般的身子上浮现出一抹动人的天蓝色。

穿过通道，拾级而上，这才发现它的奥妙所在。楼层上升一层，它的内涵也上升一个层次。当走到顶楼的时候，俯视下面的楼层，发现形形色色的人竟然都来参观。上至老人，下有小孩儿，既有组团来的，还有一家三口其乐融融的。我发现他们都有一个共同点，那就是他们在欣赏的时候，尽量不发出声音，只是全神贯注；讲解员在讲解的时候，不用扩音器，尽量不打扰到周围的人；在这里，我还看到一个舒服的现象，那就是没有看到一个边吃边喝边参观的。境由心生，这一切，让我不由得感到，高雅的艺术殿堂对人的熏陶也是潜移默化的，真是润物细无声啊！

我家的潮奶奶

张　芸

俗话说得好："家有一老，如有一宝。"我家便就有一"大宝"——我的"时尚女郎"奶奶。

第一招——人要靠衣装

奶奶有着一张平凡的大众脸，粗粗的水桶腰，但是，她有强大的气场，其中衣服帮了不少忙啊！

奶奶爱买衣服我们已经习以为常，但是一打开奶奶的专属小衣柜，我们还是会不由自主地赞叹。各式各样的衣服、裤子、裙子琳琅满目，让人眼花瞭乱，足够开一家老年服装店了。做得更"绝"的是，每一排衣服上都有一个标签，比如什么"聚会穿"啊，什么"居家服"啊……用繁星来比喻都不为过。

奶奶从不走一般老年人的路线，她喜欢穿年轻一点儿。因为这，我觉得和她上街总是很尴尬，下面我就来说一事例——

"妞妞，你看那家店怎么样？我们去逛逛？"这虽然是问号，但我听到更多的是肯定的口气，还没回过神来，奶奶便火速拉我到了店门口。

刚一进去，我便感觉到气氛不对劲，店里的人全都用异样的眼光打量着我们。我定眼一瞧，店里的人都不到四十岁，我赶紧心虚地拉了拉奶奶的手，奶奶却毫不在意，一会儿试试这件，一会儿试试那件，我只好满脸黑线地跟在她身后，好不尴尬！

第二招——火热肚皮舞

奶奶虽然胖，但是跳广场舞是一把好手。

我和姐姐去新华书店看书回来时，看到一群老年人在广场上运动。我和姐姐聊得正嗨，她突然把话题一转，"妞妞，你有没有觉得你奶奶特潮呀！"我边听边顺着她的目光向远处望去，一群妇女们正抖动着她们的肚皮，扭动着腰肢，活力四射。难道，这就是传说中的肚皮舞？咦，这人群中竟然出现了奶奶的身影——她摇摆着水桶腰，头有节奏地点着，像是点什么拍子，手还不停地挥舞着，陶醉的神情溢于言表，我心中浮现出一个更大的问号：这是我奶奶吗？

第三招——上网－等－

"妞妞，我找到了一个好东西！"奶奶一脸兴奋地对我说道。我嘿嘿一笑，奶奶除了跳舞、晚上出去走圈，平时也是个"IT"女，没准，这次又是在电脑上发现好玩的了。

果不其然，奶奶把我带到电脑前，娴熟地打开了一个社交平台，一边熟练地敲打键盘一边说："郭师傅（舞伴）她们说，这个叫'伊妹儿'的东西挺好玩的，和QQ邮箱差不多，我一上午终于把它学会了，我可不想被时代OUT……"我在心中默笑，我的奶奶真潮哇！

其实，奶奶的"潮"事还很多，我就不一一列举了。我的潮奶奶，像老顽童一样可爱，你说是吗？

捡拾幸福

在四岁之后,我人生道路的幸福之石突然断截了。爸爸、妈妈还没有给我撒完那幸福之石便相继离去,前面的路,黑暗,迷茫,就在这时幸福之石突然从上而下洒落在我眼前。

速效减肥计划

安依菲

今年开学以来,由于不太注意控制饮食,再加上不爱锻炼,我的体重直线飙升,居高不下。胖就胖呗,我倒不以为然,爸爸妈妈却再也承受不起了。经过商议,他们签署了第一个"家长法令",强制我执行"速效减肥计划"。

周末上午,爸妈都去上班了,我窃喜:今天没人监督,我自然免受长跑之苦了。洗漱完毕,我来到厨房,却发现早餐只有一个小得可怜的面包和一杯牛奶,往常我要吃三四个这样的面包才能填饱肚子呢。天哪!连早饭也不让吃饱,以后的艰难日子可怎么挺过去呀?对了,冰箱里应该还有"余粮"吧。想到这里,我打起精神,急忙向冰箱走去,却发现冰箱上贴着一张醒目的纸条,上面清楚地列着里面所放的食物,万一偷吃被发现了,要罚做一个星期的家务呢。唉!我不得不佩服爸爸妈妈的先见之明。

快到中午时,我忍住饥饿,勉强把作业写完,感觉头昏眼花,两脚无力,浑身像散了架似的。我突然想起自己的小金库里还有零碎"银子",这可是救命稻草呀,我心头一喜,赶快去拿,却发现钱包里早已空空如也。翻过钱包,背面发现一张小纸条,上面写着:暂时冻结你的二十元,以防买零食。天哪!这点儿钱都被克扣掉,我的命真苦呀!

过了一会儿,妈妈打来电话,说我的午餐放在冰箱里的饭盒中。我迫不及待地挂掉电话,以百米冲刺的速度跑到冰箱前,拉开冰箱门,果真找到一个饭盒,本以为可以饱餐一顿,可饭盒中只有半碗米饭和一丁点儿菜,连汤也没有,更别说肉了。这哪儿够我吃呀,塞牙缝还差不多。算了,管它呢,先填填肚子再说。一番狼吞虎咽后,食物被吃了个精光。我咂咂嘴,又接连喝了几大杯水,这才感觉胃里舒服一些。

晚饭,妈妈炒的全是素菜,一点儿肉末都没有,根本不合我这个食肉动物的胃口。我勉强吃了点儿,还没来得及往肚里灌水,就被爸爸硬拉出去跑步锻炼了。

亲爱的老爸老妈呀,如此速效减肥,这么一天天地熬下去,非把我折腾个营养不良、面黄肌瘦不可啊!

我们家的"老"医生

陈轩岐

最近,各种关于儿科的新闻铺天盖地,我很疑惑,因为我的姥姥和姥爷都是儿科医生,没听他们说儿科医生干不下去啊。我问姥爷,这是怎么回事。姥爷说:"儿科医生确实不好当,主要原因是孩子的病发展变化得快,孩子又不能充分说出自己的症状,所以诊断治疗时要求更加细心、准确、有耐心。孩子在任何家庭中都是宝贝,如果出了意外，家长总是难以承受，因此儿科医生责任重大。"

我很好奇，就问："姥爷，你能不能给我讲讲你当医生时的故事啊？"姥爷欣然同意，开始侃侃而谈——

故事一：最难忘的一次抢救

几十年前，没有暖气，无论是家庭还是单位都用炉子烧煤来取暖。有一次，姥爷在值夜班时被护士叫醒，说有个一氧化碳中毒的小病人需要抢救。姥爷赶过去的时候，忽然感觉头晕眼花，只得在台阶上坐了一会儿。抢救结束后，姥爷回到医生值班室，闻到满屋子都是煤气味。仔细一检查，才发现值班室的烟囱漏了。其实，姥爷也一氧化碳中毒了！这时，姥爷才意识到，在救那个孩子的同时，他也救了自己。

故事二：疫苗，疫苗

我突然想到了最近新闻总在说的问题疫苗，便问姥爷："姥爷，那疫苗是怎么回事？我们该打疫苗吗？"姥爷说："疫苗对提高人体免疫力有非常大的作用和效果。以前，百日咳、白喉、破伤风、脊髓灰质炎（小儿麻痹症）都是常见病，有的病死亡率还挺高的。特别是小儿麻痹症，一旦患上，即便治好也会造成两下肢或单个肢体瘫痪。一个好好的孩子就这样残疾了，能不叫人心痛吗？后来有了脊髓前角灰质炎疫苗（俗称糖丸），现在，这种病在我国已经基本消灭了。其他的疫苗也在预防小儿疾病方面发挥了巨大的作用。问题疫苗是企业的良心问题，不能因此就把疫苗的作用给否定了啊。"

故事三：科学技术的发展

我又问："姥爷，那科技的发展给治疗疾病带来了什么好处呢？"姥爷说："就拿现在常用的呼吸机来说，过去，一旦病人呼吸停止，往往意味着死亡将至。像肺炎病人，如果病情发展到不能自主呼吸的程度就没办法挽救了。当时的医生没有能力使儿童恢复呼吸（一般的人工呼吸效果不理想），有了呼吸机之后，病人就可以存活，同时，通过药物和其他治疗措施，待肺部炎症消除后，自主呼吸恢复，患儿就得救了。这是我们那个时代想都不敢想的事情呢！"

听了姥爷的故事，我觉得，医生真是个了不起的职业！

那一次，我真失落

张月娟

从来也不知道失落的感觉，只听大人们说过，还有在课外读物上看过。以前，我总觉得这是个时髦的词儿，没想如今我却尝到了失落的感觉，是那样的苦涩，让人这样难忘……

那是发生在不久前的一件事。我和小蕾等四位学习委员放学后照例留在教室抄题，不知谁出了个馊点子——玩打赌游戏。于是，"谁再说话谁就是猪！"小蕾一声号令，我们几个人立刻闭住了嘴。教室里唯有那"嗒嗒"的粉笔敲点声。

"哼"我心里狠狠地说，"这次，我决不会输给你们！"几天前的耻辱历历在目：也是这样抄题，也是我们这样嘻嘻哈哈地闹……谁知我急中忘情，指出小蕾的一个错别字，便落下"猪"的美名。这回，我说什么也要让小蕾当一回猪……

　　好几次，我都忍不住想开口说话，但是我看见别人都抿着嘴，一副正儿八经的神态，再想到自己的"翻案计划"，便硬是把话咽到肚子里。

　　"嘀嗒，嘀嗒"时间一分一秒地过去。忽然，门口传来了说话声："哎，你们见婷儿了吗？"

　　好熟悉的声音！我转过身，呀！是我敬爱的董老师。虽然她现在不教我们了，但她那曾经的教诲还在耳边回荡。我刚想开口叫她，却突然愣了，怎么办！如果我叫她，我就是猪。但此刻她正在那儿愣愣地看着我。顷刻，我感到一种从未有过的难堪和莫名的紧张。一边是我的好胜，一边是我的爱心。怎么办？怎么办？我听到自己"咚咚"的心跳声……

　　可怕，我们几个人竟没人回答老师，我们几个都是董老师喜欢的学生。董老师很尴尬，她点名了："宇儿，你知道吗？"宇总算说话了，我长长地舒了一口气。

　　偷偷地，我瞥见董老师神色黯淡，应该是失望吧！我呆住了，老师曾把我当成她的得意学生，曾对我多么信任！多么亲切！我又是多么敬爱她啊！我却……

　　我难过极了，痛苦吞噬着我的心！

　　这是多么无聊的游戏！它使我失去自我。我深深地告诫自己，也祝福自己：但愿未来的路上不会有如此的失落！

奶奶学电脑

李丹丹

随着电脑和网络的普及，好多老年人也对网络世界产生了浓厚的兴趣，这不，我的奶奶就对电脑产生了兴趣。

中午，我和爸爸正谈论网上买书的事，奶奶突然问："电脑好学吗？"

爸爸笑了："想学，就不难。"妈妈看着奶奶，觉得有些不可思议："妈，您想学电脑？"

奶奶有些不好意思："敏敏（我小姑）在扬州工作，一年难得回来几次，我想用电脑和她视频。"

妈妈忍不住笑了："年纪大的学电脑，可能有点儿困难吧！"

奶奶瞪了瞪眼，有些不服气："邻居王奶奶比我还大五岁呢！她都会用电脑和儿子视频，难道我还学不会？"

爸爸妈妈相视一笑，然后将目光投向我："晓慧，你来教奶奶用电脑，怎么样？"

我当然是举双手赞成，要知道，我可是家里的电脑达人哦！

晚上，我插上电源，在开机的过程中，奶奶有点儿着急："慧慧啊，这电脑怎么这么慢？"我让奶奶别急，电脑开机要等半分钟。我先给奶奶示范登录QQ的步骤，问奶奶想取个什么昵称，奶奶疑惑了:"什么是昵称?"

"昵称就是你在QQ上用的名字。"

"哦……那就叫'不服老'吧!"

"密码呢?"

"就用家里的电话号码,好记。"

完成了申请QQ程序,奶奶立即用手移动鼠标,鼠标却不听奶奶的使唤,一动不动。奶奶急了:"这鼠标怎么不动了?"

我扶着奶奶地手,告诉她看着屏幕上鼠标跳动的箭头,经过手把手地教,奶奶终于可以移动鼠标了。可是问题又来了,刚打开的对话框,又被奶奶不小心关闭了。我的额头有些冒汗:"奶奶,歇息吧,一会儿我再教您。"奶奶倒是不慌不忙:"我再试试,肯定会用。"几次反复练习,奶奶终于成功登录QQ,打开好友栏。

"慧慧,快给你小姑打电话,让她有空和我QQ。"奶奶的话语中掩饰不住的兴奋。

我示范了好几次,奶奶终于学会了接收并保存照片。

现在,奶奶不但能和小姑在网上视频聊天,还经常热心地教几位老邻居使用电脑呢!电脑,让奶奶的晚年生活充满了乐趣。

爷爷与酒

彭英康

小时候,爷爷把我搂在怀里说:"酒是我的命,而孙孙是我的命根子。"我不太明白这话的意思，因为那时我只有五岁。

从我记事起，爷爷就嗜酒如命，一日三餐总离不开它。他常挂在嘴边的一句口头禅是："宁可三日无食，不可一日无酒。"有时看电视到夜深也要喝上几口解解困。我每每被他搂在怀里，嗅着从他嘴里发酵后散发出的酒香，就会迷迷糊糊地进入甜美的梦乡。那滋味竟是如此酣畅！有时候，他喝酒时也少不了用筷子蘸酒放进我的嘴里，我一个劲儿地往外吐，叫道："辣！"可爷爷安慰我说，先是辣，慢慢就变甜了。一来二去，我习惯了酒的滋味，认为它是世间少有的玉液琼浆。

有一天，爷爷不在家，奶奶生火做饭去了。我独自一人在堂屋里玩耍。突然看见了饭桌上爷爷的酒瓶。心想，今天是个好机会，我要亲口饱尝酒的滋味，也来享受爷爷的酣酒之乐。我搬来椅子搭台，小心翼翼地打开酒瓶，先是浅浅地尝了一口，那滋味真让人难受。欲饮则罢，正准备放下酒瓶，但又想起爷爷的话："先是辣，慢慢就变甜了。"于是将小半瓶酒一饮而尽，然后也学着爷爷的样子"吧嗒吧嗒"舔了几下嘴唇。谁知接下来的感觉并非爷爷说的那样畅快，先是如一口烫茶从喉管涌入腹中，接着如点着的汽油在腹中燃烧，再是如火山的岩浆一样往外冒。我脑子昏晕，房顶和地板一个劲儿地旋转，"砰"的一声摔倒在地，什么都不知道了。

当我醒来的时候，躺在爷爷的怀抱里。他非常惊喜地望着我刚睁开的眼睛，热泪一个劲儿地落在我的脸颊上，嘴里一个劲儿地唠叨着："孙孙，我的命根子，你终于醒了……"

打这之后，爷爷再也没有提过酒壶和端过酒杯，即使逢年过节，大家伙劝他少喝一点儿，他也绝不会再喝一口。有时我也问："爷爷，你要酒吗？"可他总是摇头道："酒虽说我的命，但你是我的命根子呀！不喝了，再不喝了！"

爷爷30年的酒龄，但为了我，他彻底地戒了！

我的蚕宝宝最可爱

姚之言

白色中带着黑点的身子，嫩嫩的身躯，四对大"脚"，三对小"脚"，凑成了一个可爱顽皮的蚕宝宝。

一次科学课结束时，科学老师"下个星期，我们一起来养蚕"的指令刚刚下达，我便成了班上第一个买到蚕宝宝的人。每天放学回家第一件事就是照看它们，并且给每个蚕宝宝都取好了名字。

别看蚕宝宝的身体才那么一点点，但它们各种各样的形态常常惹得我忍俊不禁！瞧，我刚往盒子上放上几片桑叶，桑叶上便有了好多小洞洞，小洞洞里面不时探出几个小脑袋，好奇地张望着外面的世界。吃桑叶时，蚕宝宝们表现得格外积极，只见老大林林先下了手，那小巧的脑袋从上到下摇摆着，小嘴飞快地嚼着，笨拙的身体在这个时候显得异常轻巧。其他十七只蚕宝宝当然也不甘示弱，一齐大吃特吃起来，就像正在热闹地聚会。

睡觉时的蚕宝宝更为可爱。那一个个小精灵蠕动几下身躯，抬起头咂咂小嘴，便进入了梦乡，偶尔传来"沙沙"的响声，那是蚕宝宝在说梦话吧！

这么宁静安详的画面真让人享受，但你可别以为它们一直这么温顺。它们住在一个"屋子"里也有发生冲突的时候。老九朱小和老三

唱唱闹翻天，一次，它们竟然打了起来：唱唱冲向了朱小，用尾巴打朱小，朱小一翻身，扑到了唱唱的身上，要不是老大林林及时制止，非闹出"蚕"命不可！

这就是我的蚕宝宝，在我眼中它们是天底下最可爱的蚕哟！

笑　声

周鑫原

春风再美也比不上你的笑，没见你的人不会明了。

——题记

一个阳光明媚的中午，爸爸在睡觉，打着呼噜，怎么看都像个小丑。我灵机一动，坏坏地想着：哈，我来给爸爸化妆吧！说做就做，把妈妈的化妆品都拿来放在床上，怕惊动爸爸，所以我的每个动作都小心翼翼的，蹑手蹑脚地在屋子里这儿找那儿寻。"好！"我轻轻地拍了手，脸上露出狡猾的笑容。

我像个小偷似的轻轻走到爸爸旁，手上拿着口红，心里暗暗偷笑道：哈，对不起了，为了满足我心里的快乐，你就委屈一下，大不了你晚上被妈妈大笑一顿，我用口红在他嘴唇轻轻地抹着，哪知道他一翻身，口红就抹到嘴巴上去了，"噗"我情不自禁地笑出了声，哈哈，我老爸还真是"性感"呢！接着，我拿出粉底，在老爸脸上左拍拍右拍拍，唉，还不是我说，这粉底真心不错。瞧，爸爸变白了不少呵！然后，我用勾眉笔给爸爸的两个眉毛描了描，哇噻，爸爸越来越像个美女了！我脑补了一下，爸爸醒来后的状态，我会不会死得很难看？不管了，都弄到这个程度了，不能半途而废，老师说过做事要持之以恒。于是，我决定给爸爸弄上眼影就赶紧撤，我三两下给爸爸涂好眼影，以最快速度将化妆品放回原处，蹑手蹑脚地走出卧室，关上了门。我心里已经乐开了花，看着爸爸那副模样，忍不住捧腹大笑。

傍晚，妈妈回来了。妈妈见爸爸还躺在床上呼呼大睡，就走过去，哦，不，准确地说，还没有走到爸爸旁边，就哈哈大笑起来。这魔性的笑声可吓坏了爸爸，爸爸一个激灵从床上坐起，一副懵懂的样子，可好玩了。

妈妈指着他的脸说："你去看看你的脸，哈哈哈……"爸爸走到卫生间，"啊"的一声，我倚在门槛上，边笑边说："怪我咯。"妈妈走过来，用手指点了点我的鼻子："你个小鬼！"说完，爸爸走到我们面前，说："好你个小丫头，你居然……"我装作很淡定的样子，说："哎，本来就是个美女，生气起来更美了，怎么样，美女爸爸，对我的手艺还满意不？"爸爸也忍不住开怀大笑，"哈哈哈……"整个屋子里都充满着笑声。透过窗户，只见我们三人笑得前仰后翻。

耳畔回响着笑声，那是幸福的笑声。

那笑声沉淀在心头，荡起的，是几多温馨，几分甜蜜。

"麦　虾"

林驭风

"……当'麦虾'的汤汁进入这些农民的口中时，农民瞬间被迷住了。从此，一传十，十传百，'麦虾'就成了临海一带美味的小吃。"爸爸的故事讲完了，他亲手做的"麦虾"也热腾腾地出锅了。

"麦虾"不是虾，是我老家——浙江临海的一种风味小吃，材料要用到面粉、白萝卜、蛏子、虾以及肉丝、葱花等。相传在旧时，"麦虾"是临海穷苦人家的主食。在制作时，先把面粉加水搅拌成面糊，然后用刀将面糊顺着碗沿削成条状，直接滑入开水中。因临海靠近海边，人们会抓些虾之类的海鲜，和着自家地里的白萝卜这些东西一起烧，以这种半粮半杂的食物代替主食，聊以充饥，度过艰苦的日子。因为面糊下锅时被削成一条一条的，煮开后一根根微微卷曲起来，像虾的形状，又加上加了鲜虾一起煮，所以就被形象地称为"麦虾"。蛏子、肉丝这些食材是后来为了改善"麦虾"的口味和营养而添加的。

当一大碗"麦虾"端过来时，香气也随之扑鼻而来，我的口水都快要流出来了。我和爸爸妈妈坐到餐桌前，美味的晚餐终于要开始了。

我用筷子夹起一块面团，微卷的面团晶莹透亮，在灯光的照耀下微微泛着油光，像极了一只加大版的太湖白虾。我把它放入口中，哇！面团里浸透了汤汁的鲜味，软嫩爽滑，真是好吃极了！我低下头看整碗"麦虾"，白色的面团和萝卜丝，浑身通红的虾，配上星星点点碧绿的葱花，相映成趣。在灯光下，透过缓缓上升的热气看过去，一切又好像若隐若现，仿佛一幅美丽的仙境图画。不知不觉中，一大碗"麦虾"已经被我吃得一干二净了。我抬头一看，就连见多识广的妈妈也低头吃得津津有味，沉迷在其中呢！

"麦虾"不仅是一种美食，还是一种文化！

再见了，母校

武林倩

日月如梭，时光易逝，六年的小学生活眨眼间过完了，我就要离开我的母校、我的老师、我的同学了，心中不禁涌起一股眷恋之情。

再见了，母校！走进那个和我们共度六年美好时光的教室。教室里的桌椅摆放得还是那么整齐，那上面还有我们用小刀刻下的印迹；黑板上老师的板书依然那么清晰；后墙上我的手抄报还贴在那里……一切的一切我都不会忘记。

再见了，老师！六年前的那个秋天，我紧拽着妈妈的衣襟，怀着忐忑不安的心情，怯生生地走进学校的大门。老师，是您从"a、o、e"教到我们写作文，是您从"1、2、3"教到我们做应用题，是您从"A、B、C"教到我们写单词……是您教会我们一个个美丽的汉字、一道道有趣的数学题，是您教会我们许许多多做人的道理。上课时，您那慷慨激昂的讲解，带领着我们在知识的海洋里尽情遨游；下课时，您那平易近人的话语，指引着我们在人生的征途上奋力拼搏。我永远忘不了您那慈祥的笑脸和严厉的目光。

再见了，同学们！我们有缘结识，有缘走到一起朝夕相处。我们一起哭，一起笑，一起学习，互帮互助，一起说心里话。那种感觉，不是亲人，但胜似亲人。不知不觉中竟一起度过了六年的美好时光……每一次成功，都有你们真心实意的祝贺；每一次失败，都有你们雪中送炭的鼓励。我多想永远和你们在一起。

我多想留下来，留在母校，留住同学与老师之间的那份情谊……但是，天下没有不散的筵席。别了，我和蔼可亲的恩师；别了，我同窗共读的学友；别了，我难以割舍的母校；别了，我美好而纯真的童年。

记录一处美景

叶程文

行走在小岛的一座小桥上，小桥两旁，是清澈平静的湖水，远处有一座大坝，大坝外面，就是大海了。湖面上，几位游客正悠闲地划着船，桨在湖面上划过一道道波纹，天还没完全黑，岛上的灯却早早地亮起来了。一转头，便与晚霞打了个招呼。

我从没见过这么美丽的晚霞，地平线上，一片淡淡的红光，那么柔和迷人。晚霞上空挂着一轮新月，天空呈现出暗暗的紫色。太阳已经完全落下去了，远处的海面上，几艘渔船正在打着灯工作，星星点点的。我迅速掏出相机，记录下了这美丽的景象，恐怕这景物，也只有在这小岛上，才会出现吧。

　　我缓缓地向前走去，不知不觉中就到了沙滩上。几只海鸥在天空中飞翔，盘旋着，远处传来了几声呼唤，我转过头一看，是一位老者。这位老者衣着十分朴素，一件老旧的衬衫，一条补了好几个补丁的裤子。脚上套着一双破旧的凉鞋，虽然现在仍保持着夏日的气息，但阵阵海风吹来，还是十分冷的。老者的脸上满是皱纹，一双布满老茧的手，一看就知道是个渔民。那几只海鸥听到了呼唤，便急忙扑腾着翅膀，飞到老者身边，叫唤着。老人慢慢解开一个麻袋，里面放着几条新鲜的鱼。他把鱼一条条地放在海鸥面前，亲昵地说："吃吧，快吃！"海鸥似乎听懂了老人的话似的，欢快地啄食着鱼。啄食完一条，老人便又拿出了一条分享给海鸥。

　　听老人介绍说，他的儿子都进城里工作了，自己在岛上每天打打鱼，打完鱼就卖鱼。日子虽然过得清苦，却也十分悠闲。于是每次打完鱼后，就将几条鱼放在沙滩上，呼唤着海鸥来吃。起初那几只海鸥并不怎么大胆，后来就越来越大胆地来吃鱼了，与老人的关系也越来越亲密。

　　"感觉这几只海鸥挺聪明的，过来给它们喂喂鱼也挺有趣的。"老人笑眯眯地看着海鸥，说着。那笑容，在他满是皱纹的脸上，格外灿烂。我看着海鸥，也笑了。

　　临走时，我将老人、海鸥与晚霞一起拍了下来。这张照片，不仅记录着美丽的晚霞，也记录着那位老者淳朴的生活以及与海鸥之间深厚的情谊。

　　我路过了一处美景，就把它记录在了底片里……

老师，您真牛

漆逸城

我们班是一个以乱闻名的班级，我们四年已经气跑了三位老师，每次一位新老师来，我们都要给他一个下马威。

听说又来了一位老师，我们连忙准备好，等待他的大驾光临。

一推门，水从门上倾泻而下，那位老师机智地向后一跳，水淋在了他面前的一块空地上。紧接着，一个沙袋飞了过去，老师连忙趴在地上，沙袋与他擦肩而过。当同学们用水枪射击他时，他撑开一把大雨伞，水全被"反射"到了地上。同学们顿时愣住了。"老师，您真牛！"调皮鬼张玉杭大声说。"对，真牛！"同学们异口同声地附和道。

这位老师来了，我们的"坏日子"也接踵而来。

一天，上课铃响起，同学们都拿出书本等待老师，后排的"话包子"周春江和"叽喳麻雀"刁豪仍在讲话，老师都走进了教室，他俩还在讲个不停。只见一道虚影闪过，一瞬间的工夫，老师从前门飞到了后排。"看来你们很喜欢讲话，那我就给你们一点儿奖励——每节下课后都要读课文！"这时，"多嘴王"漆兴宇发问了："老师，你的速度怎么那么快？""因为我会瞬移，你们可要小心哟！"老师故作神秘地说。"绝！真绝！"全班同学都向他竖起大拇指。

接下来，老师开始点名。点着点着，老师突然发现少了一位同学——罗淳。"他一定逃课了！看你能逃出我的法眼！"老师喃喃自语地走出教室。只见他在眼上摸了摸，脸上露出神秘的微笑，然后开始环视四周，向学校超市走去。

学校超市那边，罗淳正在津津有味地品尝美食呢，看他那脸上的神情，一定是在心里窃窃自喜："你们在那边上课，我在这边品美食。"

"罗淳，当心吃成大胖子，进不了教室门！"罗淳一看老师来了大惊，心里仿佛在问："老师，您是怎么发现我的？"老师当然能看懂罗淳眼里的问题，他说："我有透视眼，以后你可要多加小心啊。"可怜的罗淳，只有灰溜溜地束手就擒。

其实，罗淳是同学们心目中的"好吃鬼"，他若是不在教室里，不在厕所里，就多半是在学校超市里品尝美食。老师这么牛，怎么能不知道这些！

怎么样，我们的老师够牛吧！

拔丝天鹅蛋

赵蓝航

大家好哇，今天我来给大家介绍一款我们家乡的美食——拔丝天鹅蛋。它可不是能拔丝的天鹅下的蛋，它是一个雅俗共赏的甜品。好了，废话不多说，我们开始吧！

首先，我们把手洗干净，然后把红薯也洗干净，削了皮，再放入蒸锅里蒸熟。蒸熟后，我们把它取出来，捣成烂泥，再加入少许面粉，大约十克左右就OK了。和好红薯泥后，我们再把它分成一个个的小球球。之后，我们就可以下锅炸啦！

第一步，把锅放好，然后倒上半锅油，大火热一下，七分熟就好了，也就是把筷子放进油里，看到有泡泡就可以下锅炸啦！我们把刚刚和的小球球放入锅中，炸至表面变金黄色后捞出，但是，还有最重要的拔丝！拔丝！拔丝！（重要的事情说三遍）把小球球捞出后，油也倒出来，但不要倒完，留一点儿在锅里，然后再稍微热一下，油好了后，把白砂糖放进去，转小火熬制变色，一定要不停翻滚，看到变色后，迅速关火，然后把刚刚炸好的小球球放入，搅一下。就这样，一道美味的甜品就出锅啦！对了，加些彩色糖粒会更美味哦！用筷子夹起一个来，哇哦！这丝儿也太长了吧，我夹着从厨房跑到餐厅了都没断！于是我便从餐厅一路吃到了厨房。

好吃！真好吃！金黄色的天鹅蛋加上彩色的糖粒，一口咬下去，嗯！外焦里嫩，外貌美观加好吃到有种飘飘欲仙的感觉，等于……满分！不知不觉，我一个人就吃完了一整盘。一擦嘴，咦？纸怎么撕不下来了？一照镜子，哈哈，原来我的脸上沾满了糖丝，我都成小花猫了！我左舔舔，右舔舔，上舔舔，下舔舔……粘得到处都是。弄得我的脸上那叫一个惨不忍睹。从此，我便叫它"猫须蛋"。

听了我的介绍，你是不是有种垂涎欲滴的感觉呢？嘿嘿，那就来我的家乡山西高平尝一尝吧，包你吃个够！

坐个火车可真不容易

王雨晗

暑假到了,我和姐姐、妈妈像往常一样回于都老家。

平时,我都是6点半起床,赶火车那天,不到6点妈妈就把我从美梦中叫醒了。

收拾好东西,狼吞虎咽地吃完早饭,妈妈又像掐着秒表似的,把我们姐弟俩塞上她的摩托车。平时,妈妈骑摩托车很慢很稳重,可这一次,她却骑得飞快,真让我担心,直到看见"赣州站"几个字时,我才松了一口气——终于平安抵达了。下了摩托车,一看时间,我大吃一惊:还有十几分钟火车就要来了!等妈妈把摩托车寄放在姨妈开的店里后,我们就一溜小跑,气喘吁吁地来到进站口。

到了进站口,眼前是一片人山人海,旅客都提着大包小包,争先恐后地验票。他们你挤我,我挤你,挤得满头大汗。好不容易进入候车室,我发现,几乎每个角落都站满了人:有的人在睡觉,有的人在打电话,还有的在吃早餐……真是乌烟瘴气呀。

在候车室待了一会儿,我便听到工作人员通知可以进站了。当进入月台的门一打开,候车室瞬间又变得拥挤不堪,大包撞小包,小包碰大包,就像下大雨前蚂蚁搬家一样。好不容易挤到月台,我觉得自己都快虚脱了!

火车一停稳，车厢门一打开，下车的旅客便提着大包小包你推我搡地下车，没有一点儿秩序；上车的旅客早就等得不耐烦了，蜂拥向前。终于上了车，我还没来得及松一口气，便发现车厢里也到处是人——连过道都站满了人。车厢里吵吵闹闹的，我们就像进了菜市场。我好不容易才找到自己的座位，筋疲力尽地坐下，一阵阵汗馊味、香烟味扑鼻而来——混浊的空气简直让人无法呼吸。

起得早，赶得急，挤得苦，闷得慌，坐个火车可真不容易呀！

我的新家

薛 琨

美丽的小区

我的新家在万柏林区建北小区，小区花红柳绿、鸟语花香。

小区花园里种有小杨梅树、桂花树、老人葵树等树木。娇嫩、秀丽的小杨梅树，它们一个个像国庆阅兵的女战士，英姿飒爽、整整齐齐地守卫在大门的路旁；桂花树又黑又粗，像饱经风霜的老人围在花园里晒太阳，但往上望去，它的树尖上长出小米点般的嫩芽，旁边抽出几片青绿的小叶，在阳光照耀下，闪闪发亮，非常可爱；桂花树毫不起眼地蜷缩在路的两边，桂花很小，很难看清楚，但花很香，清新的桂花香让住户们每一天带着好心情出发；老人葵树高大挺拔，叶子大片大片的，像铁扇公主神奇的芭蕉扇，连成一柄柄大伞，在花园搭起挡雨的顶棚。

小区花园到处是水景喷泉、花坛。最漂亮的是"海马喷泉",泉水如一条银柱直泻而下,像美人鱼的银色轻纱,光彩夺目;"花心"水景像白莲花在水中开放,又像四位仙女在水池中跳起舞蹈"天鹅湖";水景周围有一些花坛,花儿五颜六色、色彩迷人,清香扑鼻,有的像红红的小火球,有的像亮晶晶的星星,有的像蓝色的小喇叭,美丽极了。

干净、宽阔的小区里,小朋友有的在练习溜冰,有的在幽静的花坛旁边看书,有的在空旷的地方打羽毛球,还有的在"横冲直撞"地溜滑板,热闹非凡。

我的新家百看不厌,我格外喜欢,希望早点儿能搬过去住。

小区的四季

春姑娘不知不觉地走了,夏姐姐迈着轻盈的步伐悄悄地来到了人间。

太阳公公早早地起床了,你赶走了眨眼的星星,赶走了透明的露珠,带来了自己的热情。中午,外面十分炎热,你就像一个大火球;到了傍晚,你还在辛勤地劳动着,直到晚上六七点钟,你才依依不舍地回家。太阳,你是夏天的第一个使者!

夏天,你是一位魔术师。早上,外面还是骄阳似火,大地上的小草,好像不停地在说:"渴死我了,渴死我了……"这时雷雨来了,它送来了水。田间的秧苗、大地上的小草、河道里的河水好像都在说:"我们的好朋友来了。"不一会儿,天空中出现了五颜六色的彩虹,颜色不一,异常美丽。

夏天,你也是一位画家。画出了从挨挨挤挤的荷叶中冒出来的白荷花,它白得像雪;画出了一朵朵亭亭玉立的粉红荷花,它像小姑娘害羞的脸庞。荷叶像一个个碧绿的大圆盘,一阵微风吹过,荷花就像维吾尔少女一样,翩翩起舞,千姿百态,活泼极了。风过了,荷花停止舞蹈。

夏天,你是一位魔术师,你是一位画家,多美啊!你给我们的生活带来了丰富多彩的画面,我爱你——夏天!

我爱万柏林区建北小区——我的新家!

难忘故乡打边炉

张嘉嘉

这几天天气异常寒冷,淅淅沥沥的冬雨下个不停,在瑟瑟冷风中我又思念起在故乡打边炉的美好时光。

我的故乡在广东顺德,每到冬日家乡人有打边炉的习俗。打边炉类似于吃火锅,亲朋好友、同乡故旧围炉而食,"打"指"涮"的动作,因置炉于人的旁边,将食物边涮边吃,所以叫"打边炉"。家乡的打边炉和通常说的吃火锅还是有些区别的,火锅是坐下来吃的,而打边炉是站着吃的;火锅是用金属器具盛装食材,打边炉的锅则是用陶泥做成的砂锅;火锅可以用电磁炉或者煤气炉作为热源,打边炉的炉子是特制的红泥炉子,内烧木炭;打边炉的筷子是竹制的,而且特别长,约比普通筷子长一倍,便于食客站立涮食。

家乡人打边炉无场合之分,无贵贱之别,人们讲的是心情愉悦,吃得痛快。金碧辉煌的大厅,考究的桌椅,精美的餐具,人们举杯挥箸，吃喝划拳，声音震耳欲聋也没人介意；简陋的街边小店，几张桌子，几口老砂锅，人们照样是大快朵颐。打边炉不但是在享受口福，而且打边炉还具有行气、健脾、暖胃、养胃、散寒、排毒的功效，虚寒畏冷的人群冬季尤其需要多打边炉，对身体大有裨益。

　　故乡的冬日，我最常去打边炉的地方是一个家庭作坊式的小餐馆，店铺不算大，供奉着财神爷的雕像，香火缥缈。店里摆了十几张桌子，桌上放着红泥炉子和砂锅，看上去也算整洁。店面基本没有装修，只铺了看上去很廉价的地砖，可以说是简陋之极。就这么一个小店，生意却出奇得好，我每次去光顾的时候总是顾客盈门，热闹非凡。打边炉底汤相当重要，一般店里的底汤是用鱼骨虾头熬成的，这家打边炉店的底汤是用猪肚和土鸡加入白胡椒以及枸杞、当归、山药、桂圆等温补药材熬成的，一锅奶白色的底汤着实让人垂涎。打边炉首先是喝上一碗热乎乎的猪肚土鸡底汤，从嘴巴一路暖到胃，瞬间驱走一身寒意，真是酣畅淋漓、舒服无比。打边炉吃上两三个小时不稀奇，要的就是那份闲情逸致。打边炉的涮料有鸡片、生鱼片、羊肉片、生虾片、猪肝、鸭肝、生蚝、鱿鱼、鱼丸、鸭肠、菠菜、千张、腐竹、茼蒿、生菜等，可涮的东西都是见火就熟的。有食客喜欢在底汤里加上几块豆腐，据说可减轻打边炉后口干舌燥之弊。蘸酱主要以沙茶酱为主，也可以用海鲜酱作蘸料。

　　大家站立在红泥炉边，手持长筷潇潇洒洒地涮，痛痛快快地吃，红红的炭火映红了人们的脸膛，浓郁的鲜香在人们的味蕾上流淌，在这个寒冷的冬天，打边炉带给人们的不只是暖意，还有缕缕温情。

灭 虫 记

郑 琦

一到晚上，教室便成了虫子的"乐园"，它们在教室里飞来飞去，好像在和上课的老师比"美"。

上课铃又匆匆地响了起来，老师也匆匆地走进教室开始上课。我们正听得津津有味，一阵悦耳的铃声响起，老师接了电话，就叫我们保持安静，然后又匆匆地走了。

我刚埋下头，就听见一阵喧闹声，对这我早已习以为常，不足为奇，还在看着书，谁知喧闹声一点点变大，中间夹杂着撞击声，嬉笑声，我这才禁不住好奇，抬起了头，原来一只虫子飞进了教室。

看，它现在飞在了教室前面，几位好动的同学立即"攻击"，他们把书卷起来，用尽全力向虫子打去，可速度还是太慢，虫子已经溜往别处了。

在前面，虫子似乎产生了危机感，于是又向后逃窜，正落在一位女生旁，那位女生先是大叫一声，继而跳着逃离座位，看来她快吓破了胆，那虫子也怕落个责任，匆匆溜走了。

这时，它又飞到了窗边，似乎玩够了，想回家了，但我们还不肯罢休，一位男同学似乎要逞英雄救美之勇，决定把虫子灭掉，他拿起厚重的数学书，用力打去，这回似乎打中了，虫子掉落在我脚的正前方。

　　刚才受惊的那位女生急切地喊："踩死它！踩死它！"看来灭虫这个"伟大壮举"要交给我来完成了，可在下平时从不杀生，即使是这么一个小虫子，我还在犹豫，又有人说："踩死它……"甚至里面还夹着男生的声音，看来这个虫子"大势已去"，"送"它一程吧，我闭着眼，向那只虫子踩去，也许我的鞋子也有罪恶感，竟然没把虫子踩死，但此时它也身受重伤，可我又怕它东山再起，下了狠心，踩下了"罪恶"的一脚，终于，它"壮烈牺牲"了。

　　同学们顿时议论纷纷，可又在几分钟之内静了下来，因为老师回来了！

我爱冬季

李子寒

　　我爱冬季。春天的温暖芬芳，夏天的绿树成荫，秋天的硕果累累，都有令人着迷之处，但最让我欣赏的还是银装素裹的冬天。

　　"撒盐空中差可拟。""未若柳絮因风起。"冬，最具代表性的便是雪了，它洁白无瑕的姿态，好似象征着冬季逸仙缥缈的性情。天阴冷起来，彤云密布后，风停了，便会下起雪来。雪花纷纷扬扬，像九天之上仙女撒落的花瓣，像鹅毛、像柳絮般轻盈优美。正当我想接住一片来细细欣赏时，它又悄无声息地化作水丝，躺在掌心，传来丝丝凉意。这神秘的冬！

"凌寒独自开。"寒冬里，万物沉睡，百花凋零，但粉妆玉砌的世界里也会有一簇儿鲜艳的红色，那是梅花在雪中绽放。走近，细细的枝头沾满了粉红色的小花，融入雪中。圆润小巧的花瓣一圈一圈向花蕊的方向晕染上了逐渐鲜艳的红，那似乎成了点缀。花蕊是芽黄色的，覆着雪，躲在待放的花苞后面，像极了未出世的小姑娘，羞涩，惹人怜爱。梅花香，没有桃花那样甜蜜，也没有茉莉那样浓郁，只笼罩着一方天地，是一种清雅的、淡淡的气息。树的最高端，雪枝携着花儿在风中摇曳，花儿昂着头，抿着唇，倔强得不肯垂下。这美丽的冬！

　　"银装素裹，分外妖娆。"大雪过后，一切都沉寂下来，大地便盖上柔软的雪被陷入沉睡。树梢、房顶、田野也处处积着白雪。这也正给了小孩子们玩闹的机会。他们像出笼的鸟儿一般，迫不及待地奔向大自然的怀抱，享受着大自然给予的恩惠。女孩子们聚在一起堆着雪人，男孩子们则把雪揉成团，扔向对方，头上便绽开了银色的花。呼出白色的雾气，在窗户上写字，乐趣无限。孩子们的脸蛋儿红彤彤的，不知是冻的，还是跑着累的。这可爱的冬！

　　我爱这银装素裹、美丽如画，又充满童趣的冬季。

我与外公过招

王晨炜

　　我的外公是个老小孩儿，虽然他常常惹得我大哭，但我还是非常喜欢他。

周末，我带着爸爸给我买的小熊维尼气球去看姥姥。可是家里没人，我只好一个人玩气球。不一会儿，外公回来了。

"这么好看的气球，让我玩一会儿吧？"外公凑在我旁边用手指着气球说。

"不行！"我一口拒绝。

"要不——我给你变个魔术？"外公见我不答应就换了一种方式。

"什么魔术？"我好奇地问。"你从1数到20，就会发现你的气球不见了。"外公故作神秘地对我说。"哼！当我还是3岁小孩儿？我才不会上当呢！如果不见了，那一定是你把它放飞了！"我板起脸来跟外公叫板。

"你这么喜欢它，我怎么舍得放飞呢！我还会把它变回来的。"外公一脸神秘的笑。

外公故弄玄虚的样子引起了我极大的好奇心。"那……好吧。"我小心翼翼地把气球递给外公，紧紧盯着，想看看他究竟有什么高招。

"晨炜，姥姥回来喽，去看看她给你买什么好吃的了。"外公不动声色地说道。身为小吃货的我一听扭头就往屋外跑。"咦？姥姥在哪儿？没有啊！"我挠挠头，忽然意识到自己上当了。

我飞快地跑回屋，环视四周，哪儿都不见气球的影子。"狡猾的外公究竟把气球藏哪儿了？"我低头沉思了一会儿。"既然外公和我耍花招，那我也想个办法逗逗他！"我装模作样地围着屋子转了一圈，突然跑到外公跟前，大叫道："哈哈……外公，你真鬼，这样的藏法都能被你想到。我知道气球在哪儿了。"我以为外公一定会朝藏气球的地方看，谁知他根本就不上当，笑眯眯地瞅着我："在哪儿啊？你把它找出来。"我一看，这一招不好使，马上使出撒手锏——

"哇"的一声大哭起来。这下，外公慌了，急忙给我擦泪，拉着我去找气球。到了衣架前，外公站住了。"气球就藏在这儿，你自己找吧！"我一边干号着，一边瞪大眼睛朝衣架上瞄去，哪有气球？全是衣服。不对，我那件小外套怎么不停地动呀动的？我拨开衣襟一看，哈哈，我的"小熊维尼"竟然藏在这儿。我立刻拽出气球朝外公做起鬼脸："外公，上当了吧？还是我厉害吧？"外公一听，点着我的脑瓜，也像个小孩儿似的哈哈大笑起来。

几十年的寂寞与拼搏

刘政豪

寂寞的感觉，似乎无从思考。如果有一天，你身边什么都没有了，你会独自生活几十年吗？那你可能会问："有这样的人吗？"答案是肯定的——有。

他的出身是不错的，起码能解决温饱。但是他的脑中有大量的冒险因子，坐上船离开了故乡。后来被海盗俘虏，成为了一个奴隶。后来逃了出来，找到了种植园，在巴西过得很舒坦，但后来妄图一夜暴富，乘船去非洲抓黑奴，船却不幸翻了，他流落到了一座荒岛上。这里没有人陪伴着他，他在岛上孤独了二十几年，但他并没有放弃，修房子、抓山羊、拓地盘，一切有条不紊地进行着。后来救下了"星期五"，制服了作乱的英国水手，乘船回到了故乡。

几十年的寂寞，的确是十分难熬的。换作我们，早就活不下去了，他却坚强地活了下来，并且活得好好的，拼搏了几十年，从一个年轻的小伙子成了一个胡子花白的老人，他就是英国作家笛福笔下的鲁滨逊。

鲁滨逊，是一个坚强勇敢、热爱生活、敢于拼搏的人。在岛上几十年，只靠两只精明能干的手，打造出了无数的宝贵财产。而且他在荒岛上，并不是把生命当作儿戏，随时都可以扔掉。相反，他不断地激励自己要在荒岛上活下去，而且还不断地尝试回到家乡，日复一日，年复一年，坚强的拼搏着，这恐怕没有人能做到。

寂寞不可怕，可怕的是在寂寞时还在做着"饭来张口，衣来伸手"的黄粱美梦，而不是自食其力，脚踏实地地靠双手去奋斗。"滴自己的汗，吃自己的饭。靠人、靠天、靠祖宗，都不是好汉！"只有自食其力，我们才能够创造出理想的社会。

所以，学会坚强勇敢吧，它会让你振奋；学会耐住寂寞吧，它会使你接近成功；学会努力拼搏吧，他会让你到达成功的彼岸！

我努力读懂坚持

杨莹莹

坚持，是靠着自身的努力慢慢读懂的，读懂它的参照物，不是超越别人，而是拼尽全力超越自己后的欣慰。

——题记

"我们这节课呢，要测一分钟仰卧起坐和引体向上，请同学们都拿出最好的状态，取得一个令自己满意的成绩。我们先测仰卧起坐，第一组——"体育老师对我们说道。

听到仰卧起坐，我的身体不禁一抖：上一次测验成绩烂成那样，不知道这一次，能否会好一些呢……

我躺到垫子上，天空不断飘动的白云让我感到烦乱，就索性闭上了眼，眼前只留下闪着微弱光芒的几丝阳光。哨声一响，我便不管不顾地做了起来。

风在耳边匆匆掠过，只留下一脸的麻木。黑暗中的阳光好似在鼓励我，总用它微弱的光线照射着我。

我仍旧闭着眼，心想：如果开头慢的话，后面也提不了速，照我这个速度，应该还能再快一点儿。但好累的，是提速还是原速呢？不行！不管多累，我必须要超越自己！

有了这个动力，我不由得加快了速度。

不知过了多久，我做得越来越吃力，之前做两个的时间现在只能做一个，但至少我还能做得动。

随着时间的推移，我做得越来越少，到最后，我竟然直接瘫在垫子上了，感觉一丝力气都没有了。

我不肯在这里倒下，硬是起到了一半，可另一半，就像一个不可逾越的鸿沟，总是过不去。我的身体感到疲倦，我是多么想躺下去休息一会儿！但我不允许自己这样做，不都说坚持就是胜利吗？

时间变得越来越紧张，透进眼皮的阳光也如我的心情一样烦躁，我使出了浑身解数，却总不能做到。

到了最后几秒钟，不知是怎么了，竟感觉体力又回来了，在最后一秒，我竟然成功地做出了那一个仰卧起坐！令我欣慰的是，我竟然真的做到了坚持到底！

这次的成绩，不知比上次好了多少倍！

我站起来，刚刚的疲倦霎时间烟消云散，取而代之的是一身轻松，是超越自己后的轻松。

这一次，我要告诉所有人，我，用自己的努力，读懂了坚持！

母鸡下蛋

孙浩文

老师要求我们在双休日写一篇关于动物的作文，写谁呢？"咯咯，咯咯，咯——"母鸡像往常一样又在报告着生蛋的喜讯。对，就写母鸡生蛋！

我悄悄来到鸡窝旁，一只花母鸡正静静地趴在草窝里。我的到来让它惊慌不已，它扑扇着宽大的翅膀，"咯咯，咯咯，咯——"声音提高了8度，好像在说："你来干吗？你来干吗？"几分钟后，发现我没有伤它的意图，它才小心翼翼地趴回草窝，我蹲在一旁聚精会神地盯着它。

也不知是怎么回事，我的腿都蹲麻了，花母鸡依然安静地趴在窝里，丝毫没有生蛋的迹象。这时，又踱来一只黑母鸡，也"咯咯，咯咯，咯——"地叫着，用嘴轻轻地啄了花母鸡几下，见它没有反应，干脆用头从屁股后面去推，好像在说："大姐，快点儿呀！俺也要生了。"不管黑母鸡怎样折腾，花母鸡就是不挪窝，它只好悻悻地离开了。

过了好一阵子，花母鸡开始不安起来，"咕咕，咕咕，咕——"

轻声地哼着。快要生了吧，我暗暗地想。不一会儿，花母鸡的毛渐渐蓬松起来，整个身体大了一圈，翅膀也松开了，半蹲着身体显得很吃力。我好奇地蹲下身子，正好看见一个鸡蛋从鸡屁股里滚了下来。花母鸡渐渐恢复原样，用嘴轻轻地推着鸡蛋在草窝里滚了好久，没想到鸡妈妈还会亲自己的蛋蛋呢。过了好一阵子，它才依依不舍地离开了。"咯咯，咯咯，咯——"母鸡唱着嘹亮的歌儿，好像在说："瞧瞧，俺生的蛋多大！"

激动人心的一百米

范佳琪

今天，一年一度令人心血来潮的校运动会正式开幕了。我参加的是六年级男子一百米跑步。

早上，我吃饱了饭，就在休息场地上一边休息，一边想策略。过了一会儿，广播里传来了"请参加六年级男子一百米跑的运动员们到一百米起点处检录"的声音。于是，我怀着既紧张又激动的心情和陆佳成、陈哲一起走向了一百米起点处。

参加六年级男子一百米跑的同学共分成五个小组，我在第四小组的第二道上。

看了看前面的同学，一组比一组快，并且都以惊人的速度飞奔至终点，我心中越来越忐忑不安了。随着"砰，砰，砰"发令枪的声音，眼看马上就要轮到我了，为了不出意外，也为了取得更好的成绩，我一会儿做做马步压腿，一会儿做做膝关节运动，一会儿转转大腿，一会儿活动活动手腕脚踝。

终于轮到我了。随着"砰"的一声枪响，我立刻使劲儿蹬了一脚，冲了出去。大约跑了五十米时，第五道上的一位同学超过了我。这时，我心想这个机会一年只有一次，我绝不能放弃，拼了！于是，我以更快的速度冲了过去，超过了他。跑到了八九十米的地方时，我回头看了一眼，发现和第二名已经拉开了一段距离，便对自己充满了信心，作出最后的冲刺，冲到终点，获得小组第一。能否进决赛，还要和其他组的同学比。但我相信，我一定能进决赛。

下午，我知道了我在预赛时取得了第六名的好成绩，进入决赛。

决赛快开始了，我已经在比赛场地上就位了，还不断地做着热身运动。"砰"的一声枪响，使决赛一下子进入白热化阶段。跑了几秒，我超过了一个，再加速，把他甩在后面，可是最后只拿了第五名，和第四名真的就差那么一点点了。

虽然这次只有第五名，但我相信，只要再锻炼一年，我一定能进前三名。

我的爸爸是医生

邓之晴

我的爸爸是医生，对，就是那个每天穿着白大褂忙来忙去，总是皱着眉头的骨科主治医生。爸爸身上常年都有一股消毒水的味道。还有，他写的字像波浪线，让人看不懂。但是我觉得，他最需要改进的是态度，在我眼里，他对病人的服务态度不太好。

有一次，我放学后去医院等爸爸下班。到了他的诊室，我看到病人们排成了长龙，爸爸一会儿写病历本，一会儿帮病人敷药，根本就没空搭理我。

"我的脚扭伤了，很痛！"一个病人皱着眉头，龇着牙把扭伤的脚放在凳子上。"这儿疼是吧？好，敷点儿药，再吃点儿药。"爸爸皱着眉头，一句关心的话也没有对病人说，就带着病人去敷药了。"切！爸爸的态度真差！连一句问候语都没有。"我心里暗暗嘀咕。给病人敷好药后，爸爸问："叫什么名字？"病人说了自己的名字。爸爸在纸上"唰唰唰"地写药方，我一看，那字真是惨不忍睹。"去药房拿药，一天两次。"爸爸继续对病人说。

那个病人走后，我忍不住对爸爸说："爸爸，你对病人的态度怎么这么差？"爸爸埋头翻着病历本，说："你看后面有多少人，排着长龙呢！如果我和前面的人寒暄过多，后面的人可能就会白跑一趟了。"说完，他又去帮病人敷药了。走之前，他用手摸了一下我的脸，那手好粗糙！

每天爸爸回家的时候，手指上总是贴着创可贴，那是因为，爸爸在帮病人包扎的时候，一不小心就会把手弄伤。他天天工作，周末也在忙。我问他为什么不休息，他总是说："我约了病人嘛！"

每当我看见同学的爸爸妈妈带着他们出去玩，我就羡慕不已。哎，谁叫我有这样一个医生爸爸呢！

捡拾幸福

卫佳馨

人生漫漫，在这人生的道路上有多少幸福的石子，等待你去捡，你是否将它踩在了脚下？

在四岁之后，我人生道路的幸福之石突然断截了。爸爸、妈妈还没有给我撒完那幸福之石便相继离去，前面的路，黑暗，迷茫，就在这时幸福之石突然从上而下洒落在我眼前，一只温暖的手拉起了坐在地上哇哇大哭的我，这只温暖的手正是姑姑的手。

姑姑有个和我一般大的女儿，我打小生活在她家。那时候她学习好，而我却常常因为不思进取而被姑姑责罚，或许是因为寄人篱下的感觉吧，我对姑姑产生了恨意，还感觉她偏心，现在想想还真觉得自己有点儿不分是非。

现在已经长大的我，不知什么时候，没有了对姑姑的恨，反而懂得并深深地体会到了姑姑望侄成"凤"的急切心情和"打是亲、骂是爱"这句话。

由而我想起了我和妹妹（姑姑的女儿）一同回到家，和姑姑要书费的事，两个人一共六百元，可偏偏就这个月姑父没有发工资，家里毫无分文，还欠着外债，情急之下姑姑趁着我们早上还没起床便跑出去卖蛋白，导致她后来贫血，脸上毫无血色，这更加深了我心中对她的爱，她为我付出的这些，真的让我无以回报。

我捡拾起了姑姑撒的幸福之石，我前方的路不再是黑暗，不再迷茫，它充满了关心和爱。

这幸福之石是用金钱买不来的，希望同学们别把爱你的人，关心你的人给你撒的幸福之石踩在脚下，捡起它来。把这些幸福之石放进你心里的匣子，这更会让你感到你是幸福的，是有人爱、有人疼、有人关心的。其实你并不孤单、寂寞，因为你的匣子里有很多的石子，它把孤单、寂寞都赶跑了。

初春,那一抹甜甜的温暖

初春的早晨,温暖的阳光从窗棂泻入,我倚坐窗前,安然享受着静谧的时光。突然,清脆的音乐铃声从远处传来,是那么熟悉,仿佛时光倒流。

我的"女王"同桌

焦伟豪

如果每个人都是一颗星星的话,那么在这个浩瀚无垠的宇宙中,我和她本应该在各自的轨道上运行着,然而,我们不期而遇了——同桌。既然是同桌,我们为什么一碰头就争个不休、闹个不停?又为什么他还能带给我那么多的快乐?

他高挑个儿,留着长长的头发,从背后咋看咋像个女生,又是体育委员,在班级里唯有他能"呼风唤雨",所以大家给他取了个"女王"的绰号。

"啊?老天怎么会这样对待我呢?我做错了什么?"我仰天长叹。不知女王从哪里冒出来,悄悄走到我背后,手搭在我的肩膀上,不屑地说:"小伙子,到人间来一趟不容易,我可不想在你的叹息中度过呀!"我猛回头,并以九十分贝的"男高音"朝他咆哮:"女王,把你的脏手给我移开,我自己的事情,你甭管。"

据说女王一怒,就骂人。我嘚瑟地期待着女王对我的怒骂,哈哈,因为他只要骂我之后,我就可以理由充分地让班主任给我调座位了,这样既可以解决"生存"问题,又可以以此还击,此计谋一箭双雕也。

我静静等待着"暴风雨"的来临。

"嘿，本女王今天不想跟你计较。"女王阴笑地白了我一眼说。

女王又黑又瘦，我经常没好气地说："你咋不多吃点儿，你以为你黑，就没人说你白痴了？"我故意激怒她，好让他骂我，他反而不以为然，"哼，别看我人瘦，浑身是肌肉；别说我长得黑，满脸放光彩。"顿时，教室里充满着快活的空气……我的计谋再次以失败告终。

竹子是空心，许多名人把竹子作为虚心的象征。女王也是个虚心之人。看吧，他真小气，问他一个问题吧，比唐僧师徒四人西天取经还难呢！我很少问女王问题，可却从来不放过我，他问我的问题，我还必须回答他。否则，她女王就会在班级里吆喝："问你问题都不告诉我，还说我小气，你才小气呢！快来人呢，不得了啦，本王受委屈了。"女王连珠炮地大喊大叫，我只好委曲求全。

女王还有一个让我受不了的特性——也许就是传说中的"狮吼功"吧！有一次，我好不容易完成了老师布置的一大堆作业，想趴在课桌上清静一下，哪知女王先我一步完成，开始在我旁边叽叽咕咕地挑衅了。我烦了，朝女王劈头盖脸大吼一通，"你烦不烦人耶？"女王哈哈一笑，立即反击，双手夹紧我的头，嘴巴对准我的耳朵，动用他的"狮吼功"，不间断地怒吼一分钟。天哪！此时此刻，我亲身体验到了传说中"震耳欲聋"的真正滋味。

这就是我现在的一位说好不好、说坏不坏的"女王"同桌——齐芳雷。

喜欢"欣旺"的"飘香蟹"

朗文新

我从小就不爱吃蟹，总觉得曾经吃过的蟹都是一个味道，只不过有些鲜而已。这次我来到无锡市欣旺大酒店，据说要品尝酒店的特色佳肴"飘香蟹"，我便有些不屑。这次的"飘香蟹"又会呈现出怎样的一种味道呢？可令我意想不到的是，"飘香蟹"鲜嫩、鲜美，滋味独特，令人回味无穷。

欣旺大酒店的菜肴多数是家常菜，美味可口却不奢华浪费，如：清淡甜糯的瘪子团、富有嚼劲的红烧肉、鲜美多汁的豆腐、皮薄馅儿足的馄饨……每一样都是色香味俱全的佳肴。但我的目光穿过一道道精致的菜肴，定格在了那排列着十只"飘香蟹"的盘子上。

我一边静静地听着欣旺大酒店总厨、被评为中国烹饪大师的李建先生的详细介绍，一边细细端详着那盘"飘香蟹"。"飘香蟹"被整整齐齐地排列在纯白的大圆盘上，显得十分精致。每一只蟹旁都被浇上了少量的酱汁，配着星星点点的香菜、蒜末，更是突显了"飘香蟹"的原汁原味。

我心中的馋劲极为强烈，终于按捺不住伸出手去抓起了一只蟹。我拿到的是只体格小巧的雄蟹，拨开蟹壳，大量的蟹膏松软剔透，蘸上醋尝一口，浓稠的鲜味流溢于齿间。冰凉的蟹肉滑嫩紧致，鲜嫩的同时还透着一股别具一格的味道。这味道甜甜的，还很香，十分特别。中国烹饪大师李建先生无比自豪地向我们介绍："飘香蟹的做法与众不同。我们将蟹浸入特制酱汁中，这样既保留了蟹肉的鲜嫩润滑，又增添了一股香甜的独特味道。"听着这位总厨先生的话，我恍然大悟，极为享受地继续品尝"飘香蟹"。

冰镇飘香蟹是无锡欣旺大酒店近年推出的美食名片。我喜欢"欣旺"的"冰镇飘香蟹"，喜欢它的独特创意，喜欢它的美味多汁，喜欢它的色香诱人。在这里，我要为它点赞！

初春，那一抹甜甜的温暖

赵蒙蒙

初春的早晨，温暖的阳光从窗棂泻入，我倚坐窗前，安然享受着静谧的时光。突然，清脆的音乐铃声从远处传来，是那么熟悉，仿佛时光倒流。那些藏在记忆深处的温暖，便随着这优美的音乐慢慢弥漫开来……

小时候，我和外婆住在一起。从外婆家到街上，要经过一条窄窄的青石板路。外婆说，我两岁那年，"强行"甩开外婆的手，跌跌撞撞地朝前"跑"，突然脚一滑，"啪"的一声摔倒在地，我的哭声顿时震天动地。外婆心疼地抱起我，哄着说给我买好吃的；可好吃的并没有到嘴里，我只好委屈地眼泪、鼻涕双管齐下。

走出小巷，远方传来的音乐铃声吸引了我，我渐渐止住了哭声。

外婆一见，高兴地说："好啦，好啦，甜甜车来了，囡囡有棉花糖吃喽。"轻轻一舔，嘴里漾开的香甜让我停止哭泣，我边尝边咧开嘴对着外婆笑。那是我第一次尝到棉花糖的味道，第一次记住了那抹初春的甜蜜。

后来，我知道那天籁般的音乐叫"铃儿响叮当"。到了我可以在青石板上肆意蹦跶的时候，我就会拉上外婆，直奔那"叮当"的铃声。

"阿姨，我要一根棉花糖！"还没跑到车前，我就迫不及待地喊道。那时，我个头矮小，手里举着一元纸币，踮起脚左右晃着找阿姨。外婆在一旁不住地笑着，直说我是"小馋猫"。接过棉花糖，外婆又特意在小木棍外裹上一层餐巾纸，这才放心地交到我手上。我急不可耐地接过，一阵甜腻的香气扑鼻而来。棉花糖白白的，软软的，轻轻舔舔，唇齿香甜。我乖巧地让外婆也尝一口，外婆却疼爱地摇摇头，那该是我童年时代最简单的幸福吧。突然，一只带有温度的手指掠过我的嘴角，外婆嗔怪地指着我笑了，我也跟着一起笑，傻傻的。那一刻的温暖就这样定格在记忆深处，无法忘怀。

长大了，我不再黏着外婆。闲暇时分，我也会拿着棉花糖，边吃边悠闲地走在大街上，同样是软软的、白白的，却没有了童年的甜味。

某年寒假，我回到外婆身边，常常在傍晚时分拉着外婆出门散步。走在老旧的青石板路上，不变的风景，不变的心境，时光在那一刻仿佛停驻。"叮叮当……叮叮当……"，不远处又传来了那熟悉的音乐，我不由得和外婆相视一笑。

"两根棉花糖，谢谢！"如今，我长大了，再也不用踮起脚，晃动着小手抢了。接过棉花糖，我掏出餐巾纸，小心翼翼地裹好木棍底部，递给外婆。外婆接过，心满意足地享用着，眼里满是幸福的笑意；我也贪婪地品尝着手中的棉花糖，满心的惬意与美好。这时，一只手在我眼前滑过,外婆的手指上留下了雪白的印迹。多年前的一幕,仿佛就在眼前,让我的心暖暖的……

时光的脚步如此匆匆,转眼间,外婆已离开我多年,流逝的岁月总能把生活的伤痕渐渐抚平,可是谁也擦不去那逝去的光阴中的故事。

我会永远记得,初春时分,外婆的笑脸,还有那一抹甜甜的温暖。

我爱家乡的沙蟹汁

莫舒吉

我的家乡北海有很多特产,而我最爱沙蟹汁。

如果你来过北海,一定能在海滩或滩涂里看到许多可爱的小精灵——沙蟹。沙蟹一般有手指头那么大,身穿灰白色的"盔甲",挥舞着一双灵活的钳子;黑眼珠又细又长,露在"盔甲"外面,显得很机警。沙蟹就是制作沙蟹汁的原料。家乡人尤其喜欢用滩涂里肥嫩的沙蟹来制作沙蟹汁。别看沙蟹个头小,它的动作可快了,如果遇到危急情况还会直接在地上打洞,一眨眼的工夫就逃得无影无踪,只有眼疾手快、懂得方法的人才能捉得到它。

当人们提着沙蟹满载而归的时候,沙蟹汁的制作就开始了。沙蟹汁制作步骤看似简单,实则繁琐。先讲沙蟹放在干净的海水中反复冲洗;然后把沙蟹放进陶白里,用铁杵捣碎,一边捣一边放些盐;最后将做好的半成品放进容器里，放在阴凉处让其发酵七八天，美味的沙蟹汁就做好了！

由于沙蟹汁是生制的，吃着虽有一点儿腥味儿，但鲜味儿十足。正是这种独特的味道，使得加了沙蟹汁的菜肴都十分鲜美，赢得众多人的喜爱。用沙蟹汁做成的比较有名的菜肴有：沙蟹汁焖豇豆和白切鸡蘸沙蟹汁。沙蟹汁焖豇豆是将沙蟹汁淋在豇豆上，慢火熬几分钟，那味道就非常鲜美，吃着十分开胃。白切鸡蘸沙蟹汁是我最爱的菜肴，又嫩又滑的白切鸡配上鲜香无比的沙蟹汁，那种醇厚鲜香的味道，让所有山珍海味都黯然失色！

沙蟹汁因其独特的味道驰名中外，在中央电视台《舌尖上的中国》亮相后名声大噪，很多来北海的游客都要买几瓶回去馈赠亲友。家乡人也会向身在异乡的亲朋好友寄去沙蟹汁。小小一瓶沙蟹汁，却寄托了一份沉甸甸的、浓浓的亲情！

啊，家乡的沙蟹汁，"最北海"的味道！

期中考大作战

张军文

从11月初起，学校里就蔓延开了一种奇怪的气氛。比如，平时上课老打瞌睡的翁嘉泽开始以抱着笔记本为乐，再也不打瞌睡了；平时就已经累得够呛的班长杨子烨更是整天紧张兮兮的，下课在走廊上碰到个人都要吓一跳……这种微妙的"病菌"一发不可收拾，几乎"传染"了每个同学。而"病因"也慢慢浮出了水面——"其中烤"（期中考）就要来了！

这不，复习资料一发下来，我们就开始临时抱佛脚。下课后的走廊变得空荡荡的，同学们碰面时，匆匆说声"你好"就跑回了座位。我也变得神神道道的，一会儿忽然爆发半声大笑，一会儿大声地和自己谈天气，有时连我自己都被吓着了。也许，这就是人们常说的"考前综合征"吧。

期中考终于来了。试卷上密密麻麻的小字就像一只又一只怪兽，一波波地向我这个"钢铁女侠"袭来。我过五关斩六将：写词语？组词？古诗填空？太小儿科，统统是本姑娘的手下败将！可随着题目的难度渐渐增加，我开始招架不住了，"钢铁女侠"眼看着就要变成一堆破铜烂铁了。突然，我眼前一亮：咦？这不是月考的作文题吗？老朋友，再次相逢，你可得好好款待我哦！于是，我提起笔，"唰唰"地写了起来……

发卷时，我全身的血液都凝固了，牙齿也开始打战。得知分数——91分后，我开始暗暗地担忧自己的"前程"：考得这么差，我晚上睡得正香时，会不会被爸爸妈妈送到肉联厂，第二天就成了超市里的新鲜猪肉，被装在盒子里出售。因为是一头考不出好成绩的猪，超市还给打折！又或者，第二天醒来，我会发现自己出现在方便面厂、饭馆儿或是罐头厂，因为爸爸妈妈觉得我太笨了，只能去干这些体力活儿……我无比夸张地想象着，越想越怕。

除了分数，有点儿诡异又让我哭笑不得的是，我和同桌林威达不仅分数一样，错的地方居然也一模一样！也是那个"人声鼎沸"，也是阅读题的加标点漏做，而且作文也都被扣了两分！老师会不会怀疑我们作弊呀？不过，我们虽然是同桌，但考试的时候，我在我们班的教室，他在五班，我们根本没有抄的机会呀！真希望老师也能明白这一点。

再想一想，这不过是一次小小的考试，还是期中考试，哪里就能决定我的人生呢？它会随着时光的流逝，慢慢被我们淡忘。我就不要自己吓自己啦！还是争取在下一次考试超越自己吧！

爸爸做的肉夹馍

王文俊

周末，我在家里看电视，看到人家在吃肉夹馍，我不禁流下了口水。爸爸正好看见我流口水的馋样子，大笑起来。我的脸立刻红了，不好意思地低下了头。然而，让我想不到的是，从不下厨做饭的爸爸，竟然说要为我下厨做肉夹馍。我一听，惊愕地瞪大了双眼。爸爸站起来，用手摸了摸我的头，说："想吃的话，就来帮忙吧！"我赶紧站起来，拉着爸爸，向厨房走去。

别看爸爸平常不做饭，没想到做起饭来，竟然一点儿也不手忙脚乱。他先将材料准备好，之后开始和面。只见爸爸将面粉倒进小盆中，一边往里倒水一边用手不停地搅拌。一会儿工夫，沾得满盆都是的面粉，在爸爸的揉搓之下，变成了光溜一团，面和好了。接着，爸爸把和好的面揪成拳头一样大的面团，然后把面团擀成面饼。再把擀好的面饼放进电饼铛，约莫有五分钟的时间，面饼就熟了。做面饼的同时，爸爸还把切好的肉块放进锅中，并加上各种调料煮上。四十五分钟后，肉终于煮好了。肉香与饼香味充满了整个厨房！我使劲吸着香味，催着爸爸快点儿做。可爸爸依然不紧不慢地，完全不顾一旁我的感受，真是急死人了！爸爸把做好的面饼沿着边切条缝，再把卤好的肉和早已准备好的青辣椒一起切碎，放进饼里。

终于可以吃爸爸做的肉夹馍了。我迫不及待地拿了一个，咬一口，青椒的辣味和卤肉的香味，立刻充满了我的口腔，真是太好吃了！我和爸爸一边看电视，一边吃着美味的肉夹馍，真是天堂般的享受！

智能吸尘器

景兴苑

大家好！我是一台智能吸尘器。虽然我长得不大，但是也有一个自己的名字——"小调皮"。

我是一个黑色的小机器人。扁扁、薄薄的身体，是我最大的特征。我的身体犹如一个加宽、加厚的大光盘，直径约四十厘米，厚度只有10厘米。

别看我个头小，本领可大了！我不但可以沿直线吸尘，还可以自动感应到前方的障碍物并掉头行驶。我的身体前面长着两只"小爪子"，它是圆形的，沿着圆盘长出了一圈又细又长的黑毛，仿佛给我的爪子穿上了一身"长裙"。当机器一启动，我的"爪子"便开始飞速旋转，卖力地工作起来。它们最大的作用就是将垃圾打到中间，协助我的嘴巴"觅食"。

在我的身上，有个稍稍凸起的盖子，那里就是我的胃。主人只要轻轻一按，盖子就会弹起来，随即，露出来一个淡蓝色的小盒子，这就是我储存"食物"的地方了。有了"手"和"胃"，作为一台合格的吸尘器，没有一张"大嘴"怎么行？别急，只需把我轻轻反过来，便能看见我的"嘴巴"了。每天，都有美味可口的"食物"进入我的"胃"。因此，主人不必担心我吃不饱，只需按时清理我"胃"里的小盒子就行了。

虽然平时我工作认真负责，但是也有贪玩的时候。一次，我在工作时，偶然听到了洗衣粉大哥的梦想。于是，我翻山越岭，终于来到阳台，决心要帮他圆梦，带他周游世界。我正努力地推着他往前走，忽然，大哥似乎被什么东西绊倒了，"哗"的一声，洗衣粉撒了一地。我也被主人责怪了好久。因此，我才得名"小调皮"。

你们说，我是不是一个可爱的机器人呢？

我家的帅哥医生

邵 琮

我家有一位大帅哥医生，他有着高高的个子、俊朗的外表，你要是见了他，一定会惊呼："怎么比明星还帅？"他不是别人，正是我的舅舅，也是我的偶像。

舅舅是一位神经科医生，他平时最重要的工作之一就是给人的脑袋钻孔。《三国演义》中华佗没能给曹操做成的开颅手术，我舅舅几乎每天都在做，这是一项针对脑出血病人的手术。我舅舅虽然年轻，但绝对可以算得上省内权威。

别看医生外表风光，其实他们比常人累多了。有一次过节，全家齐聚吃团圆饭，唯独不见舅舅。我一问才知道，舅舅在医院值班，于是我自告奋勇去给舅舅送吃的。在医院看到舅舅时，我吓了一跳：他头发乱蓬蓬的，眼睛里布满血丝，哪里还有一点儿帅哥的影子。我忙问舅舅怎么了，他说："昨晚有两个病人急诊，我一连做了两台手术。"看着舅舅疲惫的样子，我心想，也许这就是一个医生真实的工作状态吧。真正的医生可不像偶像剧里的医生一样，时时刻刻都那么帅、那么酷。

舅舅不仅是医院里的青年骨干，也是我的专属家庭医生。从小到大，我一有头疼脑热，妈妈准带我去找舅舅，舅舅也总能药到病除。别人是少年不识愁滋味，我却是少年不识病滋味。缺什么都是遗憾，有时，我会傻傻地想，要是我家这位大帅哥不是医生，我岂不是能痛痛快快地大病一场？（嘘，千万不能让妈妈听到。）

舅舅不光对家人好，对病人和同事更是乐呵呵的，别人有什么困难找他帮忙，就没见他拒绝过。也许这就是所谓的医者仁心吧。对了，忘了告诉你们，舅舅刚刚被评为我市十大杰出青年，厉害吧？

俗话说，外甥像舅舅，将来，我也要做医生！

默写的前夜

束成菲

明天就要默写范成大的古诗《四时田园杂兴》了，小敏到现在还不会背诵。今天晚上，无论如何也要把这首古诗背诵并默写出来。

吃过晚饭是6点。刚吃过饭时，记忆力是最差的，特别不适宜背书，于是，小敏习惯性地打开微信朋友圈，看到里面有数十条留言，都是对她晒出的电影《微微一笑很倾城》的评价。这些留言必须认真回复。回复到一半的时候，妈妈走过来说："小敏，你该背古诗了。"

"昼出耘田夜绩麻。"小敏朗读了第一句，心里还在想着朋友圈。就看一眼微信吧，看完就可以认真背书了。小敏小心地打开朋友圈，果然有新的回复——上大学的姐姐给了她一个完美的点评！她迅速与姐姐互动起来。

"小敏，你怎么还在玩微信啊？现在已经7点了，不能再浪费时间了！"妈妈突然出现在小敏面前，家里的无线网络也被关闭了。

"昼出耘田夜绩麻。"小敏又把第一句朗读了一遍。第一句就有难写的字，光会背诵还不行，明天是默写。抄一遍胜过读7遍，干脆先把古诗抄写几遍吧。她拿起了白纸，写下两行字，很不整齐。对追求完美的她来说，这是不能忍受的！还是先在白纸上画出整齐的横线吧，这样抄写起来绝对美观。小敏在白纸上画了两行横线，却出现了"毛边"，这也太难看了。钢笔墨水容易晕开来，必须用圆珠笔画。小敏有十二色的圆珠笔，可翻遍了书桌的五个抽屉，怎么就是找不到呢？

　　小敏有点儿累了，她叹了口气，踢了一脚旁边的书架，放在书架上的书包晃动了一下，提醒了小敏。她打开书包一看，圆珠笔就在书包里！

　　用什么颜色来画横线呢？小敏喜欢粉红色，可姐姐常说橙色更有时尚感。到底是用粉红色还是用橙色？小敏有点儿为难，索性每种颜色画一张。小敏像绣花一样，先用粉红色的圆珠笔画线。画了三行，每一行的间距都不一样，难看极了。要做就必须做到最好，这是老师经常教导大家的。于是，小敏又拿出一张白纸，先用直尺测量了白纸的长和宽，再精确地计算出了白纸可以划分成几行，每行几厘米，还用铅笔对每一行的起始点做好记号。小敏忘我地画着，似乎连呼吸也忘记了。终于，一张完美的"小敏造"粉红色横线纸呈现在眼前。有了第一次的经验，很快，第二张橙色横线纸也画出来了。两张横线纸放在写字台上，同样耀眼，同样美丽。要是可以用手机拍张照片发到朋友圈该有多好啊！不能用手机记录完美的时刻是时代的忧伤——这是姐姐经常说的一句话，而小敏，正在感受着这样的忧伤。

　　"小敏，你古诗默写好了吗？已经9点了。"妈妈在外面问道。

　　啊，怎么这么快就9点了？必须要开始默写了。小敏拿起画好的白纸，准备抄写古诗，可是这两张纸是如此美丽，小敏实在舍不得落笔。再说，还没有拍照上传呢。抄写可以用练习本啊，练习本上本来就有横线。

　　总算用练习本把古诗抄了一遍，小敏感到手臂好酸啊，眼皮也开始打架了。"小敏，9点半了。"妈妈边说边进来，看到了小敏写在练习本上的古诗，放心地说："总算默写出来了，喝完酸奶就睡觉吧。"小敏不敢对妈妈说实话，可她也不想欺骗妈妈，还是等上床后再拿书背诵吧。

上床后，小敏拿起书读了两遍，眼睛就困得睁不开了。不知不觉，小敏进入了梦乡。

梦里，她默出了古诗。

家有小弟

王晓倩

弟弟比我小十岁。聪明伶俐、活泼好动、人见人爱。但我就是讨厌他，一见面就吵。

凭良心说，这小子一两岁时还是蛮可爱的，一天到晚"姐姐姐姐"地叫个不停，让我心里甜滋滋的。可是越长越坏，坏到居然我说什么他都想着反驳的程度。有时反驳不了，就使出他的撒手锏——哭，害得我时常被爸爸妈妈、爷爷奶奶扣上"以大欺小"的帽子，哼！这样的主儿，我不讨厌他讨厌谁？

咦？这是谁的小脑袋？弟弟？真是说曹操曹操就到。

"你来干什么？别乱动！又想干吗？这没你什么事，出去出去！"我气呼呼地说。

"姐姐，这什么啊？"他露出两颗可爱的（可爱吗？我晕！）小虎牙，伸长了脖子一脸好奇地盯着我的作文本。

"去去去，一边玩去！小屁孩儿懂得啥？你认识这上面的字

吗？"我不耐烦地挥挥手。

"我认识！我认识'大''上'，还有……还有……"他居然用他那脏兮兮的小手不服气地在我的作文本上一本正经地寻找起来。

"别碰！这可是作文本！弄脏了老师要责怪我的……"我一边从他手中救出作文本，一边惊慌地说。

"'中''女'……"他依旧不依不饶。

"好好好，你认识，你有本事！我服你了，行不？出去玩！"我开始动手把他往外推了。

"我不走、不走嘛！我要识字，我要……"他使劲地拉着我的衣袖，撒娇，或者耍赖。

"你烦不烦啊！我作业那么多，哪有工夫陪你玩？你怎么这么不懂事！"

"妈妈说，你小时候比我还调皮！"他一边紧抓着不放，一边昂起头。

从他的眼神中，我看见了"挑衅"的身影。当然，还有"受伤"。我突然就笑了，摸着他的头（啥，我会吗？）："那是妈妈逗你玩儿的，明白了吗？"

"哦？"他依旧怀疑。

抬手！"乓——"啊！完了完了，这可是老妈视为珍宝的杯子啊！怎么办呢？唉，怎么解释怕也难逃被责备的命运了。我怎么这么倒霉啊！这么想着的时候，妈妈已经过来了。

"怎么弄出这么大的声音来？啊！我的杯子！"妈妈的面部表情，眼看着就从探询直接跳转成了心疼。

"妈妈，是我……不是姐姐。你不要生气了。"看着弟弟那乖巧的模样，我怔住了：这是弟弟吗？

"哦，是你弄坏的？只要没伤着就好。下次小心点儿，小宝贝儿。"妈妈用手掌亲切地摸了摸弟弟的小脸蛋，然后跑出去找扫帚了。

　　好在有惊无险！这么想着的时候，我不由得拉起弟弟的手往床边柜子走去："乖，姐姐请你吃糖。"

　　一打开糖盒——呀！哪还有糖？只见一张张的糖纸，苦着脸堆在一起。而他，他……竟然"咯咯"笑着，泥鳅一样从我的手里挣脱了！还一边跑，一边回头大喊："你来追啊……你来啊！"

　　看你往哪儿跑，还我糖来！

晒晒我家的"萌宝"

张文轩

　　一双乌溜溜的大眼睛，四只长着条纹的小爪子，一条又细又短的小尾巴，再加上一个墨绿色的乌龟壳，这就是我家的"萌"成员——一大一小两只巴西龟。

　　一天晚上，我吃完饭后便坐在沙发上看书。看着看着，我隐约听到从鱼缸里传来"哧溜哧溜"的声音。我抬头一看，原来是两只乌龟在嬉闹。小龟显然比大龟聪明，只见它稳稳地趴在大龟的壳上，两只小前爪死死地抓住鱼缸的边缘，两只后脚用力一蹬，"啪"的一声，小龟"越狱"成功！大龟看得目瞪口呆，望着小龟不知所措。小龟瞪了它一眼，好像在说："笨蛋，你要是能像我一样聪明的话，也能出来了。"然后，它竟然跳下桌子，大摇大摆地从我面前爬了过去，开始"冒险"。爬就爬吧，反正家里就这么大，看你能爬到哪儿去。这么想着，我并没有留意它的动向。突然，我听到了一阵"窸窸窣窣"的声音。我循声过去一看，小巴西龟居然被几只小老鼠围住了！我猛地一跺脚，老鼠们吓得"嗖"的一声，跑了。我捧起小巴西龟，对它说："小乖乖，玩是玩，可别把小命玩丢了呀！"

更令我难忘的，还是它们独特的进食方式。有一次，妈妈从超市里买回一些小虾，我挑了两只大一点儿的虾子扔进鱼缸。巴西龟们看到美餐来了，马上就精神了起来。它们各自挑选了一只虾，准备饱餐一顿。先看大巴西龟吧，别看它平时懒洋洋的，可看到食物比谁都积极。只见它悄悄绕到虾后面，伸长脖子，以迅雷不及掩耳之势，猛地一咬，虾便成了它的口中之食。小巴西龟可没那么幸运了。因为个头占不了优势，每次抓虾时，它总会扑空。过了一会儿，小巴西龟突然一动不动了。难道它死了吗？不，它是在装死！虾放松了警惕，得意扬扬地在小龟身边游来游去，好像在说："怎么样？不行了吧？"说时迟那时快，小龟猛地一张嘴，把虾从水面上扯了下来！

这就是我家的巴西龟，它们都是聪明又可爱的"萌宝"哟！

我爱这里的黄昏

柴云芬

抬头观天，天如菊花，透着淡雅肃静。一丝丝淡淡的薄云，像仙女的褶裙，像飞天的飘带，像贵妃的霓裳……

看，此时的太阳，红红的，没有了当空的热辣刺眼，却多了些许柔情,像母亲的手摸着你,暖暖的。当夕阳把它的余晖洒向大地时,在鲜艳余晖笼罩下的大地充满了诗情画意,这里人的生活显得更加充实。

黄昏时的小河是那样地安逸,血红的夕阳把河水染得通红。在晚风的抚摸下,河水荡起了无数地涟漪,犹如条条红绸子似的轻轻的流动着。几片落叶在水中悠悠地飘向远方,几位老人正在河边垂钓。

听,喑哑着,却又不失应有的欢乐。老人们三三两两,有的交谈,有的说笑,有的将烟袋叼在嘴边,时不时的抽两口。忽然,不知谁说了一声,看那夕阳和霞光,他们一齐向天边望去。有人情不自禁地吟道:"老牛亦解韶光贵,不待扬鞭自奋蹄。"有人喊道:"啊,这个太阳老头子也会抽烟呢!"听到这话,老人们哈哈大笑,这笑声传得老远老远……

听,那又是什么?在渐渐变红的天边下,传来了清脆的声音,像鸟儿般婉转地啼叫。哦,原来是孩童们的笑声、叫声、喊声。孩子们正沐浴着夕阳的余晖,驱赶着一群群牛羊走在归家的路上。一只只可爱的小羊羔和一头活泼的小牛犊跟在他们母亲的后面在尽情地撒着欢。几个淘气的孩子坐在牛背上哼着乡村的小调;也有的孩子用鞭子驱赶着那些调皮的牛羊。歌声、哞哞、咩咩的叫声组成了一首动听的"牧歌",与夕阳、晚霞一起撒在这弥漫着乡土味的小路上。

慢慢地,夕阳淡下去,只剩半个脸。霞光下的大地也渐渐换上了玫瑰红的纱衣,夕阳与大地热情相拥,像一对甜蜜的恋人,然后娇羞地沉入大地的怀抱,只留下天空中的一片温情。

黄昏虽然短暂,却给人们无限的温馨与美好,它好似一首迷人的乐曲永远萦绕在我的耳边,它又如一幅绚丽的画卷常常浮现在我的眼前。

我的"跟屁虫"

姚 静

我原是一个活泼、开朗的女孩,但因为有了它的存在,变得不再快乐、自信。

小学六年的时光,它一直缠着我。在别人的眼中,它是我最亲密的小伙伴、知心的朋友,可我恨死它了,它就是我最大的烦恼——马虎。

它就像一个"跟屁虫",我使出浑身解数,想要摆脱它,可它像影子一样跟着我,怎么也甩不掉。因为它,我不止一次地被父母责备,不止一次地被老师批评,不止一次地被同学取笑。

有一次,起床晚了,眼看上学要迟到,我来不及吃早餐,赶紧向学校跑。路上看到有人在卖油条,我飞奔过去。早上买早餐的人比较多,我只好加入排队的行列。好不容易轮到我了,可当我接过阿姨的油条准备给钱时,发现妈妈给的一枚硬币丢了。我急得像热锅里的蚂蚁,赶紧把口袋找了个遍,还是没有。无奈,只好放下油条,尴尬地从人群中逃了出来,当时我脸都红了,感觉跟做了贼似的。上课时,那枚硬币却猴子似的从语文课本里跳了出来,得意地在地上打了几个滚儿,停在我的脚边。真是气死我了,早知道还藏在书里,就该仔细找找,也不会在众人面前出丑。

一节语文课，老师抱着试卷走上讲台。试卷一张一张地发下去，而我的试卷迟迟没有发，我不禁捏了一把汗。"姚静82分。"我以百米冲刺的速度拿回了试卷。我怎么只考这一点儿？我可是都做了呀。可定睛一看，我傻了，有几题不该错的居然因为马虎错了。一瞬间，我仿佛感到连空气都在嘲笑我。

马虎呀马虎，拜托你离我远点儿，好吗？你这个可恶的"跟屁虫"，我一定要甩掉你。

我的家庭

郑睿欣

一谈起我的家庭，我的心就暖暖的，脸上洋溢着幸福的笑容。它是我的精神支柱，是我努力拼搏的动力，只要和家人们在一起，不管遇到多么大的困难，我都会鼓起勇气，坚强地面对。有了家人们的支持，我会战胜困难，与家人携手走向成功。

我的家庭里有五个人，其中的幸福令人回味无穷。妈妈是一名语文教师，个子不高，扎着一个马尾辫，眉毛淡淡的，眼睛闪闪发光，在那双火眼金睛下，我的心事无处可藏。妈妈性格急，做事马马虎虎，今天早上又丢了钥匙，东翻西翻，把家翻得天翻地覆，最后只能两个人骑一辆自行车上学校。走到半路上，妈妈尖叫一声，啊！妈妈突然想起钥匙放在口袋里了。哎，我真拿她没有办法。尽管妈妈的记性不好，慌慌张张，但只要跟我有点儿关系的事她就会精雕细琢，做得一丝不苟，妈妈很爱我，我也很爱妈妈。

爸爸的性格与妈妈截然不同了。爸爸沉稳、谨慎，做事有计划。遇到什么事情会三思而后行，家里不管发生怎样的大事，爸爸都会冷静地思考，提出正确的解决方法，是我们家里的主心骨。妈妈与爸爸虽然性格不同，但相处得很和睦，或许爸爸妈妈正是因为能够站在对方的角度上思考，互相理解，才能和和美美地生活下去吧！

爷爷奶奶年纪大了，却都想有一份工作，每天忙忙碌碌，奶奶在家里看书，时不时还让我教教她，而爷爷每天出去工作，为村庄的人们服务着。爷爷奶奶好像并没有落后，也在不断地进步。

在这样一个大家庭中，我是最快乐、最幸福的了。爷爷奶奶、爸爸妈妈都爱着我，我也爱着他们。我为我有这样一个大家庭而骄傲，我爱我的家庭。

我爱家乡的系舟山

吴建中

我的家乡阳曲县，在太原盆地与忻定盆地之间的断裂带上。东边一望无际的座座山峦，是太行山的余脉，与古老的大禹治水传说紧紧联系在一起。巍巍的山脉，见证了远古时代，这里波浪滔天，大禹治水三过家门而不入的大公无私的精神。因大禹乘船停靠而得名为系舟山脉。

炎炎夏日，山上绿树葱茏；深秋时节，山上的枫叶红似燃烧的火焰。在蓝天白云的映衬下，是那样雄伟，那样高峻。一座山连着一座山，绵延伸向远方，看不到哪儿是头，哪儿是尾。巍巍系舟山似高大的屏障拱卫着家乡的土地。隆冬下过大雪之后，远望系舟山，蓝蓝的天空下，山是白的，地是白的，是那样伟岸，那样壮观。

　　说到家乡的系舟山，我不由回望历史，想起那些可歌可泣的英雄人物，不禁感慨万千。系舟山，是文人墨客栖息心灵的家园。金末元初之际，秀容名人，金代大学者，诗人散文家元好问，曾躲避战乱，在系舟山上刻苦读书，著书立说。巍巍系舟山，见证过元好问在国破家亡之际，秉笔直书。那满脸的愁容，那一身的疲惫，换来《中州集》的问世，元好问瘦弱的身躯上扛起的是民族国家沉甸甸的责任。尘封的《中州集》成为后代史家编撰《金史》的重要史料来源。巍巍系舟山，千百年来镌刻着爱国者元好问缓缓远去的背影。

　　系舟山还是英雄的山，这是一方浸润着战士鲜血的土地。系舟山下，家乡一个偏僻小山村。在解放太原的战役中，人们把最后一碗米上交军粮，把最后一床棉被上交前线，把最后一位亲人送上战场，为的是解放太原的红旗高高飘扬。系舟山见证着家乡人民为革命胜利那荡气回肠的感人事迹。战士的鲜血没有白流，系舟山记得你，家乡人民记得你。不信，你看那满山的野花竞相开放，不是你的魂魄在归来吗？淅淅沥沥的小雨，山上的松柏傲然挺立，似在含悲，似在垂泪，他们想念你。你融入了大山，融入大地，融入人们心里。巍巍系舟山，不正是你挺起的脊梁。

　　家乡的系舟山，我永远爱你。

美丽梧桐

宋文甜

瓦蓝瓦蓝的天空上朵朵白云，从小院上空飘过，不再回头。

小院里长着一棵高大的梧桐树，腰围粗壮，直插云霄；枝叶茂盛，每片叶子都闪着绿油油的光，显得生机勃勃。奶奶坐在树下，戴着老花镜，微微探着脖子，仔细地做着手中的针线活儿。

大伯回来时还不到晌午，奶奶专注于手中的针线活，直到狗叫起来，才有所察觉。她赶忙放下针线，唤来爷爷，就着镜子捋了捋头发，收拾齐整了，才出门迎接大伯。不一会儿，爸爸、妈妈、二伯和二娘都来了。

"回来了，吃顿饭再走。"等到大家都答应了，奶奶、妈妈、二娘这才在厨房里一阵忙活，旁边还有一个帮忙的我。

阳光洒在院里的梧桐树上，投下一片茂盛的浓荫，把院里的大伯、二伯、爷爷和爸爸都围在怀抱里了。

饭桌上，一家人有说不完的话。"早些年多亏了你娘啊。你娘勤快，不肯闲着，吃了多少苦，受了多少累，才把你们抚养大，看你们成家，再看你们的儿女长大。你娘前些天还念叨你的生日哩……"爷爷不住地说着。"咱娘记着所有人的生日呢，不信，叫咱娘出来问问！""你是五月初六，新生是三月十二，秀秀……秀秀是四月初八……"奶奶不紧不慢地说着，堆满皱纹的脸上洋溢着无穷的幸福。

四月初八，奶奶对我的生日记得真清楚！我不由得开始注视奶奶，满头的银发，慈祥的笑容，有着一种别样的美丽。

此时，我似乎看见了一朵娇艳的花儿正从梧桐的枝叶间长出，阳光下，整个院子被映衬得熠熠生辉。

成长需要假想敌

段小齐

我和卫元是一对貌合神离的同桌，也是一对"天敌"。

我和卫元在班里的成绩都是中等水平，别人考得如何我都不在乎，我只关心他，只要他的成绩比我高，即便只高0.5分，我都会茶饭不思，一直抓狂到下一次考试的到来，争取下次的考试超过他。平常上自习时，他总会偷偷拿出笔和纸，画那些名家画作，悄悄向我炫耀。我也不甘示弱，拿出钢笔和本子，写一手好字，来和他一较高下。

那天，卫元正在画画，我一不小心碰到了他的毛笔，毛笔重重地戳在了那幅参天大树的画上。他怒气冲冲地瞪着我："你会不会珍惜别人的劳动成果？"我本想向他道歉，可看他这样骄纵蛮横，我也不甘示弱："不就一张画吗？大不了我用十钱买一张赔你，哼！嚣张什么呀！"

就在我们唇枪舌剑准备拿起武器"动武"的时候，班主任出现了，他平息了我们的"战乱"，让我们各写一份检讨。我全然不知卫元的检讨里写了什么，但我在自己的检讨里将卫元的所作所为一一列出，以解心头之恨。

一天，卫元悄悄递给我一本新出的杂志，炫耀似的说："看到没，我的作品上杂志了。"看着那幅翠绿的参天大树画，我的内心五味杂陈。我每时每刻都在嘲笑卫元的心比天高，可当他的作品真真实实地出现在我眼前时，我又不得不将自己掩埋在卑微的尘埃里。

为了超越他，我开始疯狂地练习书法，一有比赛就报名参加，但均名落孙山。一天下午，班长递给我一张喜报、一本书，还有一张证书，功夫不负有心人，我的书法作品获奖了！我终于可以"回击"他了！

学习上的压力越来越大，可我们之间的暗战从未停止。放假前一天，我背着书包准备离开学校，卫元突然从抽屉里取出一个盒子递给我："下个学期，我要转学了，感谢你和我做了四年同桌，一直激励我前进。这是我画得最好的一幅画，送给你，希望你记住这段时光。"

听了这番话，我恍然大悟，原来从始至终他都没把我当成"敌人"，只不过一直是我自己的假想罢了。不过，在这怅惘之余，我却很感激卫元。因为，正是他这个"假想敌"，使我在学习和书法的道路上突飞猛进。

汉语是世界上最美的语言

郝嫣然

　　鱼儿或许会忘记那一簇簇绿油油的水草，但它忘不了那给予它畅游的大海；鸟儿或许会忘记沿途见过的山川，但它忘不了那给予它自由的天空；我们中国人有的也许会十几种语言，但肯定最熟悉汉语。

　　中国的汉字生动形象，全在一笔一画中流淌；中国的汉字诗情画意，全在一颦一笑中表达；中国的汉字博大精深，全在一生一世中领悟。

　　但现如今，走出家门，大街小巷都放着流行的韩文歌曲，人们谈论着学习日语，而且每个人都会说不同程度的英语。我仰望天空，看着那蓝天和白云明灭掩映，迷惘而又惊恐地想：汉语是真的走向衰落了吗？

　　其实不然。从甲骨文到金文，再由小篆到正楷，汉字慢慢地独立和丰满了。据统计，汉字共有八万多个，而且一个字会有很多形近字和同音字，你要学会区分，一个字也会有很多种意思和读音。

　　印度前总统尼赫鲁评价汉字："世界上有个伟大的国家，它的每一个字都是一首美丽的诗，一幅美丽的画，这个国家就是中国。"

　　汉字像极了一首诗。她是汉乐府的"江南可采莲，莲叶何田田"，歌唱着江南劳动人民的勤劳；它是李白从白帝城启程去往江陵路上有感而发的"两岸猿声啼不住,轻舟已过万重山";它是苏轼的千古名句"欲把西湖比西子,淡妆浓抹总相宜"。

汉字像极了一幅画。她画出了人们的情感与思想,描出了书写者的气质与情怀,绘出了青年人的胸襟与抱负,涂出了孩童们的天真与浪漫。

每个汉字都有着不同的风韵,"人"字虽然只有两画,但一撇一捺是互相支撑的,它告诉我们,人与人之间要互相帮助;再例如"国"字,君王、子民和城墙在一起就组成了一个国家;还有"册"字,古时候的书是用线把一片一片的竹片穿起来做成竹简,后来慢慢演变成了现在的"册"字。

汉字这种形象的手法,让我一看到"笑"就好像看到了妹妹笑盈盈的脸蛋,见到"哭"字,就好像见到了弟弟哭啼啼的脸颊,"轻"字让人感到轻盈,"重"字让人一坠千丈。我不禁肃然起敬,为祖先的创造赞叹不已!

我们不反对外来文化的引入,但绝不允许中国人忘记自己的母语,在这样一个科技与外来文化的夹缝之中,让我们重温母语,让我们去追寻中华民族的根,让我们时刻铭记自己是一个中国人,因为,汉语是世界上最美的语言!

我懂得了自我反省

李一涵

今天,我在书房的抽屉里,翻到了一张上二年级时的语文试卷,那张语文试卷的左上角有一个红笔打出的分数:78分,仔细一看,"7"字有被刀划过的痕迹……模糊不清。

每当看到它,往事就浮现在我的脑海里,我感到害羞。

记得,读二年级时一次期终考,只考78分?那天,试卷一拿到手,我愣住了,翻开试卷,仔细一看,原来,我的那道看图写话扣分特别多。上一年级以来,爸妈都经常夸奖我,但这回可惨了,怎么拿试卷让爸妈签名呢?我真害怕呀!

李老师重新评讲完试卷后,他要求我们把考卷带回家重新做一遍,并要父母签名。晚上,我重新做一遍试卷,心里忐忑不安,做完试卷,我对着那张考卷发呆,却没勇气拿给父母看。夜深了,爸爸已经去睡了,可妈妈还在忙着洗碗、擦地板,我忽然想出了一个主意。幸亏李老师的"7"字写得没棱没角。我轻而易举地用红笔把"7"的上面慢慢地往下一顺弯钩,78分变成了98分。我忐忑不安地把卷子展开给妈妈看。妈妈正忙着拖地板,她接过我递过去的笔,在卷子上随便签了个名,就急忙又拖地板去了。唉!我妈幸亏没有详细看,算是躲过这一回了。

回到我自己的小书房，我赶快用小刀把刚添的一弯钩刮掉了。

这事已过了一段时间，我却始终闷闷不乐。我暗暗知道：我这样偷改分数显然是不对的，我要下定决心，下次决不能这样做，一定要考好，来补偿自己所犯的过错。

整个寒假，我自己躲在书房里，不仅认真完成寒假作业，预习了下学期的功课，下一学期的期中考试，我终于考出了好成绩，心里乐滋滋的。爸妈笑了，我也笑了。

我是修理匠

徐　珂

修正带，可以涂掉钢笔、铅笔、油笔的字迹。但是它一旦坏掉，就不好修理。经过长期摸索，我终于掌握了修理的窍门。

这不，我们班的龚恒同学买了一个修正带，送给了王鹏。王鹏高兴死了，拿在手里玩了又玩，拆了又拆，结果给玩坏了。他下了好大功夫修理，结果都无济于事。我心想：这下到我大显身手的时候了。于是，我对王鹏说："我可以把它修好，把它交给我吧！"王鹏半信半疑地说："你真有那本事？"然后将修正带递给了我。

我用那套老方法，修了老半天，发现修正带的带芯是向内的。我感到很奇怪，王鹏是不是把它拆开，又错把带芯绕向内里了？还是龚恒早就弄坏了，让王鹏收破烂儿，逗他玩？……各种奇怪的原因在我的脑海里萦绕着。

我的绝招不管用，我头上一下子冒出许多汗。如果王鹏见我修不好，他会嘲笑我的，怎么办？我深吸一口气，仔细观察。突然，我发现仅仅是最外圈的带芯向内，其他的都是向外。原来，王鹏在修理时错将最外圈的带芯向内里绕了。我又用那套老方法重新修理，终于把它修好了。

我把修正带还给了王鹏。王鹏接过修正带，把它往纸上一按一拉，他眼睛立马睁得和铜铃一样大，嘴巴张成了"O"形："你真厉害！"我自豪地抬起下巴说："修理它对我来说只是小菜一碟！"

自从那天以后，找我修理修正带的人渐渐多了起来。别人都叫我"修理匠"，我听了很高兴，也很自豪。帮助别人，不仅可以让别人快乐，自己快乐，还可以让自己的人气上升哩！

水乡的乌篷船

美丽古朴的绍兴古城,河网纵横交错,星罗棋布,素有"东方威尼斯"之美誉。在这泽国水乡中,船就成了主要的交通工具。绍兴独树一帜的乌篷船便成了这座城市独有的一道风景。

新呀么新发型

宋羽姗

一放寒假，我便将自己一直视若珍宝的头发送上了"断头台"。在理发师快刀斩乱麻的"咔嚓嚓"声中，原来的长发及腰瞬间变成了短发及耳。看着镜子里的新形象，我像是刚刚睡醒了似的回过神来：天啊！我怎么会想到剪头发呢？我的长发，你何时才能再回来呀？

没办法，就算剪了头发，还是得见人呀！说实话，我是真的恨不得找个地洞钻进去，要是再也不用见人了该多好。

第二天早晨，第一个看到我新形象的人是弟弟。他一见我便大喊大叫："姐姐剪头发了！特别像一朵大蘑菇！大家快看呀！"弟弟像发现了新玩具一样，观察了我半天，又得出了一个新结论："姐姐，你的头不仅像蘑菇，还非常非常大，像个土豆！"啊？蘑菇？土豆？很大？每一个词都像一把锤子砸在我的心上。拜托，我可是真正的玻璃心呀！我问弟弟："你说我这个发型很丑？""哈哈，不是很丑，而是，非常丑！"噼里啪啦，噼里啪啦，听见我心碎的声音了吗？

下午，我要出去玩，小李一看见我这造型，连话都说不连贯了："宋，宋，宋，你，你这是，怎么一回事？"在经过弟弟的"轰炸"之后，我已经淡定了不少："还能是怎么一回事？当然是剪了呗。有必要那么大惊小怪吗？""当然！你这头，明明就是大蘑菇嘛！"我白了她一眼："喂，还是不是好朋友了？""好吧好吧，你不是蘑菇——"我的笑容还没露出来，小李就补充道："是香菇！"深呼吸，深呼吸，别生气，生气伤身体，呼呼——我不生气！

晚上，好友小赵给我来电话了："宋呀，真想知道你剪短发是什么样子的。到底好不好看？"我无力地说："你回家看看蘑菇就知道我短发什么样了。"啪！我挂断了电话。

这才第一天呀！以后，我这新发型还不知道要被"炸"多少回呢！

第一次放鞭炮

马玉婷

"嘭！嘭！"随着一声声炮响，新年马上就要来了。大人们欢喜，小孩子高兴，我却有点儿不开心，因为我看到男孩子放炮，十分眼馋。我也想放炮，可爷爷说："不行，你还小！"奶奶说："女孩子家的，放什么炮啊？"我心想：今年我一定要放炮！

腊月二十八那天，爷爷赶集回来了，他从集市上买了各种各样的炮，有"大地红""冲天炮""三角雷""黑蜘蛛"及烟花等等。"爷爷，让我放一个吧！"我又开始央求爷爷。"等除夕夜再放吧，我领着你放。"没想到爷爷竟然同意了，我高兴得一蹦三尺高，把爷爷都逗乐了。

盼啊盼，总算盼到了到了除夕那天。天还没黑，村子里就响起了鞭炮声。我也赶紧把炮一股脑儿都拿了出来,催促爷爷:"爷爷,快点,人家都放了!"爷爷笑呵呵地说:"别急,别急,马上放。知道吗,过年谁家放的炮多,谁家的炮响,就意味着来年有好兆头。"

啊,终于要放炮了!爷爷先放了"大地红",然后叫我放"冲天炮"。我拿着打火机,爷爷帮我拿着炮,可我拿打火机的那只手不知道怎么了,一直在哆嗦。爷爷说:"别害怕,我先放一个,你看看!"爷爷在地上插了一个"冲天炮",用打火机不慌不忙地点燃后赶紧后退。"冲天炮""嗖"地一声冲向了天空,随即又"嘭"地一声在空中绽放开来。"来,该你了!"爷爷又拿出一个"冲天炮",递到我手里。我也像爷爷那样,把炮插在地里,然后将打火机打着,小心地将火焰对准炮捻儿。"哧——"炮捻儿开始冒出火花,我一看点燃了,吓得赶紧扭头就跑,打火机都跑丢了。"嗖——""嘭"!"冲天炮"在空中绽开了花。"噢,我放炮了!我放炮了!"我在院子里欢快地叫起来。

之后我又放了"三角雷"和烟花。那些烟花在夜空中显得更加耀眼夺目,就像仙女在空中散花一样,一朵朵、一片片……

没想到,放鞭炮这么刺激,这么好玩。今年春节我的第一次放炮,将成为我人生中又一难忘的回忆。

老师，我懂了

周晓楠

她，约一米七的身高，爱穿一身轻爽的休闲服，鼻梁上架着一副黑框大眼镜，文质彬彬，这就是我尊敬的启蒙老师——郭老师。

一个天气特别炎热的下午，我上完体育课，回到教室，口干舌燥，真想喝点儿饮料什么的。突然，我发现讲台上有一盒牛奶，那是学校配送的午餐。其实我是不能喝牛奶的，因为从小我就对牛奶过敏，但好奇心驱使我拿过来看看。我刚一伸手，手指头还没碰到牛奶盒子，班上的调皮鬼肖刘就指着我大喊："有人偷牛奶，有人偷牛奶，人赃俱获啦，快去报告老师！"声音超大。

"你，你胡说！我没有，我只是想看一下。"我恼羞成怒。他对我又是一个鬼脸。我更生气，伸手一推，将肖刘推倒在地上。"哎哟！流……流血了！"他喊着。

"发生了什么事？谁在胡闹？"教室外传来了郭老师的声音。我十分惊恐。"老师，她打我。"肖刘向郭老师告我状。"我，我……"我想向老师解释，可是好像什么东西卡在喉咙里一样，说不出半个字来，眼泪簌簌地往下掉。

郭老师为肖刘检查了伤口，擦了药，然后把我叫到办公室。

"我想听听，你为什么要打肖刘呢！"老师用严厉的目光望着我。我结结巴巴地说："我，我只是想看看牛奶……我，我不是故意的！"老师听了我的解释后，走近我，轻轻地拍了拍我的肩膀，心平气和地对我说道："不管在什么情况下，要记住，千万不能随便动手打人，'君子动口不动手'，知道吗？"顿时，我的眼泪情不自禁地溢出了眼眶。接着，她又递给我一张纸巾，让我擦擦脸。"你动手打人了，就算有理也会变成理亏了。"她又补充道。我听着老师的教导，惭愧地低下了头。

自从那次"牛奶事件"后，我再也没有动手打过人。谢谢您，我尊敬的郭老师！我懂了，是您教会了我有错就改，是您教会了我怎样做人！

赌　气

洪　欣

赌气，是令人伤心的事情！考试成绩差了心情不好会赌气，遇到烦恼的事心情烦乱会赌气，被老师批评心里不高兴也会赌气。现在，就说一件我和爸爸赌气的事情吧！

早上，爸爸事先说好带我去玩，我早早就梳洗打扮好了，等待着爸爸带我去玩。但是，不知道为什么，爸爸不带我去玩，却带着表弟悄悄溜走了。我似吃了辣椒和洋葱一样，心里辣麻辣麻的，眼泪像水龙头的水一样涌了出来。我跑回大厅跳上沙发就看电视，我家的小狗吐着舌头来到我的脚下玩，我不知哪儿来的气，一脚就把它踢飞了，它吱噜吱噜地叫着,头也不回地滚开了;电视里是我喜欢看的喜羊羊与灰太狼,但我怎么也笑不起来,心里想的全是埋怨爸爸的话,因为爸爸不讲信用!不一会儿,爸爸打电话回来,说下午带我去玩。我心想:明明说好早上带我去玩,怎么变成下午呢?怎么不见人影呢?谁信?我越想心里越难受,跑回房间哭了。我躺在床上翻来覆去,不知多久才睡着了。

我醒的时候已经是下午了。一睁开眼睛,我想到的是爸爸带我去玩的事。我急忙跑出大厅,没看到爸爸,眼泪不知不觉又流了出来,因为我怕爸爸又骗我,因为我想快点儿飞出去玩个够。过了一会儿,爸爸回来了,我嘟着嘴巴对爸爸说:"怎么这么迟才回来,快,带我去玩!"爸爸说:"你先吃饭。"我噘着嘴,赶紧三口两口就吃了一碗饭,现在还想不起那顿饭是什么滋味呢!

赌气,真不好受!

妈妈和电脑

林怡晨

我的妈妈是一位设计师,她天天都要和电脑打交道。

也许你觉得,天天和电脑打交道不就是天天玩电脑吗?但是,妈妈的工作绝对没有你想得那么简单。她每天都要做广告图,要把一张什么都没有的白纸变成一张十全十美的洗衣液广告,这在我看来,简直比登天都难。

我第一次到妈妈的办公室时，看着摆得整整齐齐的十六台电脑，简直欣喜若狂。耶！我可以痛痛快快地玩电脑了！妈妈的电脑有音箱，有耳麦，屏幕还特别大，玩起来肯定很爽！我刚想把电脑打开，就被妈妈制止了。她严厉地说："这是公司的电脑，不能玩。要是玩着玩着，把一些重要文件弄丢了怎么办？"唉，我好不容易才去她公司一次，还不能玩电脑，真扫兴！

每年的"双十一"购物节对别人的爸爸妈妈来说可能是一场购物狂欢，但对我的妈妈来说不一样。在这一天，妈妈和她的同事会轮番"看家"，她的眼睛要紧紧地盯着电脑显示器，随着"超能"旗舰店洗衣液不停地"售罄"，她得随时准备更换设计图。从清晨到深夜，再从深夜到清晨，妈妈和同事们都变成了顶着黑眼圈的熊猫。下班后，妈妈的眼睛又酸又疼，十分难受。

电脑啊电脑，它既是帮妈妈生财的天使，又是折磨她身体的恶魔。妈妈的公司有那么多的店铺，每一个店铺里面又有那么多的设计图片，可想而知，妈妈和电脑之间该有多少的爱和恨啊！

以后再在网上"淘"洗护用品的时候，请你一定记得在心里给那些幕后员工点赞哦！

万亩生态园——我的乐园

常莹莹

没有白色污染，听不到汽车的笛鸣，看不到浓烟滚滚。那就是我的乐园——万柏林区生态园。

　　清晨，不刻意装扮，不淡妆浓墨，只带着一副好心情，把自然微笑挂在脸上，走出门。弯弯曲曲的小路，在脚下向远处延伸，路上的我轻声底唱着外婆的澎湖湾，当然是自唱自赏。初春的阳光是明媚的。路上，边摘野花边唱"晚风轻拂澎湖弯，白浪逐沙滩。没有柳林逐斜阳，只是一片海蓝蓝……"一路唱唱停停，走走站站，好似人间仙境。因为，清晨，人们不会起得太早，所以显得格外宁静和幽雅。独自一人，自得其乐。

　　从远处看去，生态园最显眼的就是柳树了，不知春姐姐是什么时候醒的，比我还早，已在那里和柳姑娘随着蝴蝶纷舞，柔情似水。走近一看，原来是春姐姐在给柳姑娘梳理云鬟哩。那种温文尔雅的姿态，不是"美"一字所能概括的。忽然，缠绵而柔软的春雨，迎面扑来，滴落在脸上，凉凉的爽爽的，静极了，没有声音，却有雨。让人有种说不出的惬意。静静地坐在柳树下，沙滩上，悄悄闭上眼，静享这自然的美。

　　最有趣的是夏天。我喜欢和哥哥一起来这儿。哥哥总是不愿意去，但在我的百般恳求下，他经常陪我到这儿。我走在哥哥的后面，手里拿着一朵的野花，久久不愿离去……我们享受夏季的热情与繁盛，享受着生态园里天然美好的秀丽景色。

珍惜每一分钟

王颖银

大家可知一小时等于多少分钟？对！60分钟。或许你们会说这么问是侮辱你们的智商，可是，你们是否知道一天等于多少分钟？一个月呢？一年呢？恐怕没有几个人计算过吧。答案是：一天等于1440分钟，一个月等于4.32万分钟，一年等于52.56万分钟。那么一辈子更是无法计算了。

然而，这么浩瀚的时间我们又是怎样利用的呢？曾有人做过一番统计，假如一个人的寿命为70年，他睡眠20年以上，难以利用的零星时间7年以上，而实际工作时间还不到9年。那么，除了极少数天才外，那些成功的人，不都是因善于利用零星的每一分钟吗？

珍惜每一分钟，显示的是一种不落俗套的睿智。"最聪明的人是最不愿意浪费时间的人。"圣人之所以为圣，因为他深晓时间的真谛，敢于以短暂的生命向永恒的时间宣战，在天地间寻找自己坚实的基点。愚人之所以为愚，因为他面对浩荡的时间长河，只会徒然滴几滴廉价的眼泪，用一连串的休止符，谱写遗憾。

珍惜每一分钟，昭示的是一种迈向成功的豪气。"时间就像海绵里的水，只要愿意挤，总还是有的。"鲁迅先生晚年多病，但仍然坚持挤时间，如翻译《死魂灵》一书的时间，就是他从治病的过程中

"挤"出来的。病逝前三天，他又"挤"时间给别人翻译的苏联小说写序言；生命垂危时，他还"挤"时间写日记。一代大文豪就是这样"挤"出来的！

　　珍惜每一分钟，成就的是一种万古流芳的英名。大家都知道，雨果为珍惜每一分钟，也把自己的半边头发和胡须通通剪断，以谢绝来访，创作了轰动世界文坛的《巴黎圣母院》；费米为珍惜每一分钟做实验，宁愿放弃参加意大利王子的结婚仪式，成为著名的物理学家；欧阳修更是把骑在马上，睡在枕上和上厕所的时间都用来做学问，写出了许多脍炙人口的诗歌散文。如果我们也能做到这样，我们何愁考不上好大学，民族何愁不兴旺，祖国何愁不富强，偌大的中国何愁无几人能拿诺贝尔奖？

　　今天是5月27日，离6月7日还有11天，如此浩瀚的时间，足够我们去努力，足够我们去奋斗，足够我们一心一意地驶向成功的彼岸了，不是吗？所以，从现在开始，珍惜每一分钟，为明年的激情六月书写一份满意的答卷！

一沓礼券

陈漫婷

　　虽然只是微不足道的几张纸，几个字，但这是一种无垠博大的爱。

——题记

今天是妇女节，当然，包括我妈妈。

一大清早醒来，我就开始折磨了：送什么礼物给我那最亲爱的妈妈呢？花钱吧！太奢侈，妈妈会不高兴的，不花钱吧，凭我这拙手笨脚，想必也弄不出件像样的玩意儿送给妈妈，这问题还挺难缠的嘛！想着想着，余光不由得瞟在一本《格言》上，对了，书上不是有一篇短文……就是这么办，得到启发的我高兴得手舞足蹈。

我找到一张纸，平均撕成几等份，然后用正楷字写上"请勿券""按摩券""扫地券"等等，然后画上五颗星星。装在一个精心制作的信封里。

然后等待着那个神秘时刻的到来……

晚上八点时，我紧张兮兮地拿出那张信封，当个宝贝似的献给妈妈。妈妈不知道我葫芦里卖的是啥药，便用手捋了捋在耳际的发丝，拆开信封，我的心咚咚地跳着，期待着妈妈反应。原来是几张纸啊！但妈妈饶有兴致地问我这几张纸的用处，我扮个鬼脸，嘻嘻哈哈地说："妈，妇女节快乐！这是我们姐弟几个送给你的礼物！"哦？一团喜悦飞过妈妈的脸庞。"那这几张纸有什么作用呢？""作用可大了！比如说：这张'扫地券'，您只要用一次便可以划掉一颗星星，使用方式是吩咐我们扫地，我们必须无条件遵从，一共有五次机会，用完即可。"妹妹抢先回答。"哈，真的？那么它的'保质期'是多久啊！"妈妈不禁喜上眉梢。"一年，您得抓紧时间用哟！"妈妈当场使用了一张'按摩券'，弟弟便搓搓手，按起摩来，妈妈坐在沙发上，闭目享受着这一美好的时刻。过了大约十分钟吧！看妈妈依然是一脸安详，一脸陶醉，弟弟便继续'工作'。"嗯，舒服，手艺不错嘛。"妈妈夸张地边拿起划掉一颗星星。"咦，'请勿券'是干什么用的。""这个呀，如果我们在吵闹，它就变成了'请勿吵闹券'；如果弟弟吵着买玩具，您只要使用它，它又变成了'请勿购买券'，怎么样？"妹妹抢先得意地说。"快，打电话告诉你爸去（我爸爸在外地打工），你们的礼物太珍贵了。"妈妈绽开笑容的脸像一朵菊花，眼角的鱼尾纹一叠一叠的，妈妈，您真的老了吗？想到这儿，我鼻子一酸……

三八妇女节，你们给你们的老师、妈妈、阿姨准备礼物了吗？

在这个三八妇女节中，我觉得，我长大了，而妈妈——却老了！

关于养宠物的建议书

侯 啸

小区里的爷爷奶奶、叔叔阿姨们：

你们好！

我是一名小学生，也是咱们小区里的居民。记得我们小区刚刚建好时环境非常好，近来随着养宠物的人越来越多，小区的环境遭到了一定程度的破坏。有的人对宠物非常溺爱，过于放任，于是我们的小区就遭了殃，宠物们的粪便随处可见，就连小朋友们在小区里做游戏时也变得提心吊胆，生怕哪里蹿出一只狗来危害自身安全……鉴于以上情况，我想给大家提一些建议：

1.还没有养宠物的，尽量不要再养了。因为不论什么宠物，都会给家里带来"味道"，污染自己家里的空气；还可能带来一些人畜共患病；家里如果有小孩子的话，您家里的宠物还可能会伤到小孩子。

2.已经养了宠物的，要管好自己的宠物。休息时间，要安顿好自己的宠物，不要让宠物乱吠，以免影响自己和邻居的休息。还要定期为宠物体检和注射相关疫苗，以减少疾病的发生。

3.带宠物出门时要注意，首先管理好自己的宠物，或抱着或牵着，不要让它们随便乱跑，以免伤到人或吓到小孩儿。其次不要让宠物随地大小便，以免滋生细菌，污染环境。

这是我作为小区的小居民给大家提出的最真诚的建议，希望各位长辈能接受我的建议。我相信我们的小区会变得越来越好，这一定也是大家的共同心愿。让我们共同努力吧！

本小区的小居民：侯啸

摘 花 草

谢欣芷

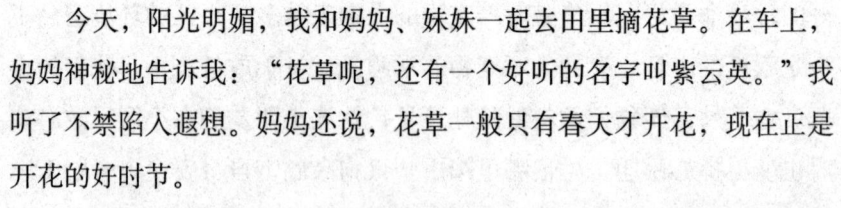

今天，阳光明媚，我和妈妈、妹妹一起去田里摘花草。在车上，妈妈神秘地告诉我："花草呢，还有一个好听的名字叫紫云英。"我听了不禁陷入遐想。妈妈还说，花草一般只有春天才开花，现在正是开花的好时节。

"紫云英，紫云英，是不是花也是紫色的，到底它有什么令人称奇之处？怎么摘呢？"一连串的问题在我脑海中徘徊。我迫不及待想要去仔细观赏了。

终于到了目的地，远远望去，一片花花绿绿。走近一看，原来绿的除了些草外，就是紫云英的绿梗了。绿梗呈圆柱形，中间是空的，手一摸，感觉汁液马上就要溢出来。仔细一看，梗上还附着许多细小的绒毛。在这一片绿意盎然中，最显眼的就是红色了，那就是红花草的花了。其实也不算很红，而是偏向于紫红，花瓣内侧为白色，外沿是紫色，过渡得很自然。花瓣有六七瓣不等，呈伞状打开。几只小蜜蜂"嗡嗡嗡"地盘旋在花丛中正忙着采蜜呢！

我看妈妈忙不迭地采摘起来，可是她采摘的都是没有开花的花草。我不禁纳闷起来。妈妈说，开花的花草已经老了，拿来吃没有鲜味了。原来我们吃的"花草炒面""花草糕"等，最主要的吃就是它的茎呀！

妈妈又娓娓道来："花草的茎不仅可以吃，枯萎了农民可以用它作绿肥，给土壤施肥。妈妈小时候经常和伙伴摘来这种花做手环、花环、项链……"听到这些，我已经等不及了，不停地摘花，回家也要做手链和花环。

回到家里，妈妈用针线把花一朵朵地穿在一起，戴在我的头上和手上，我简直成了一位美丽的花仙子。

我给小鸡"做饭"

秦怡然

妈妈天天给我做饭，但是你知道吗，其实我也会"做饭"！

假期里的一天，我和妈妈回到奶奶家。妈妈和奶奶坐在屋子说话，我一个人感到无聊，就到院子里玩。院子角落里的鸡圈中，十几只鸡正"咯咯"叫着,旁边的食盆是空的,我想:小鸡们是不是饿了?我来给它们做饭吃吧!

我跑到门外,找来很多青草和树叶来做小鸡的主食,可是只有绿色,是不是太单调了?妈妈平时做饭不是讲究色香味俱全吗?有了!我跑到奶奶的小花园里采了几朵五颜六色的太阳花和步步高花,把花瓣放在青菜旁边,摆成了一个大大的心形。正巧爷爷从菜地里摘豆角回来了,我偷偷地从筐里拽了几根长长的豆角,把它们弄成一段一段的,放在鸡食里。我又怕营养太单一,便跑进屋里捧了一把麦粒出来。我正准备把麦粒拌进小鸡的饭里,忽然听到身后"扑通"一声,回头一看,原来一个青柿子从树上掉了下来。我赶紧捡来,准备用来给小鸡做饭。可是柿子滑滑的怎么切啊?哈哈,正巧地上有几块小石头,我拿起小石头三五下就把青柿子砸扁了,这下好切多了!将切好的柿子放进去,小鸡的饭就OK了!

我学着奶奶的样子"咕咕咕"地召唤小鸡过来吃饭,这时,妈妈和奶奶也从屋子里了走出来,她们看到我给小鸡做的饭像模像样的,笑得前仰后合。看到小鸡们"梆梆梆"地啄着盆子里的"美食",我也开心地笑了。

现在每次回老家,我都会去鸡圈旁溜达,小鸡们看到我不停地叫,不知道是不是还记着我上次做的"美食",在对我表示感谢呢?

注意交通安全

曹子玉

今天,我无意中把电视节目调到湖南卫视台。咦,这是什么电视节目?哦,原来是《新闻大求真》。可是,求真什么新闻呢?好奇心驱使我继续看下去。

这档电视节目说明和分析了主要交通事故的原因和种类。比如"致命右拐",它是由于汽车右拐时产生的内轮差(内轮差是汽车右拐时前、后轮的半径差),让人感觉自己是安全的,出其不意就将右侧靠近的人或车卷入后车轮下。我们在遇到汽车右拐时,一定要离汽车远一点儿,一般来说,小汽车要离3米远,大型车辆要5米远。再比如"鬼探头",它是因为有障碍物的遮挡,造成了视线盲区,来不及刹车,撞到行人,造成了事故。所以我们在遇到有障碍物的路口时,一定要小心谨慎,才能避免发生事故。节目里还分析了乘公交车的危险行为:不能追公交车、不能在公交车内嬉戏打闹、不能带尖锐的东西上公交车、不能将头与手伸出公交车车窗外等。

看了这档电视节目后,我不禁感叹:开车门这样微小的动作,居然能让一个人死亡,这是多么让人震惊啊!电视节目上还做了一个实验:主持人让一个学生拿着一个塑料手臂推开一辆汽车模型的车门,结果车门居然让一辆行驶中的电瓶车倒地,电瓶车上的塑料人也碎成了几块，这又是多么令人惊讶呀！所以我们下车时，一定要看一看后面有没有车，再开车门。以后在骑自行车上学、放学的时候，我们也一定不要大撒把吃零食或者戴耳机听音乐。

通过观看《新闻大求真》我明白了：我们一定要遵守交通规则，珍惜我们宝贵的生命。

故乡的田野

谢世豪

看，那一片一望无际的田野绿油油的，微风一吹，多像一个个翩翩起舞的小公主。

这就是外婆家旁的田野，外婆家在农村，那个村庄西、北两面全是绵延数十里的山，山上树林茂密，溪水淙淙。山下是一片毯子似的稻田，田边是一个湖水碧绿的荷塘。但是我最喜欢这稻田，白天，这里充满劳动的欢声笑语；晚间，这里虽漆黑一片，但也充满了生机。各种小动物的鸣叫汇成了一首乐曲，我一到那里，便被迷住了。

田野不仅美，而且有四季不同的美。

春天，田野里，柔嫩的柳条随风飘荡，挥动着无数的"手臂"，几只小鸟在枝头上叽叽喳喳地叫，好像在快乐地歌唱："春天美，春天妙，春天真美妙。"是啊，春天的景色，真的是美妙无比。你看，那一片一片刚发芽的土地，显得富有生机；那一个个春姑娘的喜讯，正传遍祖国大地。

夏天的田野，就更有趣了，艳阳高照，没有一丝风。青青的秧苗在烈日下无精打采地低着头，因为它不想晒黑。青蛙在田边"呱呱"直叫，唱着动听的歌。一个个"小矮人"正赶忙锄草，摘花生。田野一片花海，绿油油的，黄澄澄的，红彤彤的，多美呀！你看，稻田边一棵棵长满绿叶的竹子，像一个个壮士，手拉着手，肩并着肩，犹如一对对亲密的朋友。一棵棵松树挺立着，长得高大粗壮，那茂盛的绿叶，像刺一般指向天空。

　　秋天的田野到处都是金色的，秋姑娘好像是一位魔术大师，把田野变成了应有尽有，无穷无尽的大果园。一只从城市里飞来的小鸟看见这景色，立刻停了下来。尽情饱览着在城市所不能见到的田野风光。

　　一阵阵金风吹来，一望无际的稻田里泛起波浪。金灿灿的谷穗遮着脸，像害羞的小姑娘。田野在阳光的照耀下，到处是金黄色，闪烁着丰收的喜悦。

　　冬天的田野更特别，许多树都剩下光秃秃的树干了。只有那苍翠欲滴的松树还挺立着，就像田野里的忠实保镖似的，日日夜夜保护着田野。

　　故乡的田野里有炎热的夏天，有温暖的春天，有凉爽的秋天，有寒冷的冬天。还有说不完的美，它充满了活力，充满了诗情画意。希望它的美永远留存下去。

做 饼 干

郑俏颖

今天是个让我特别兴奋的日子，因为我和好朋友姗姗约好去糕点烘焙屋学做饼干。

走进糕点烘焙屋，浓郁的饼干香味扑鼻而来，引得人直流口水。一位漂亮而热情的姐姐拿着一本好看的画册来到我们面前，让我们自己挑选要做什么饼干。我和姗姗不约而同地选了动物饼干。

我们换上可爱的小围裙，戴上袖套就开始做饼干了。教我们做饼干的大哥哥，拿来电子秤、糖粉、黄油和面粉。他让我们先依次称了50克的糖粉、80克黄油和适量的面粉。然后，大哥哥把这些食材混在一起，加上适量的水进行搅拌。搅拌均匀后，他让我们把这些揉成面团。我和姗姗轮番去揉，揉面团一点儿也不容易，双手累得又酸又软，但是为了能够把饼干做出来，我们还是坚持了下来。

等面团揉得软软的，我们就拿来擀面杖，把面团擀成面皮。刚开始的时候，我老是擀不好，面皮总是被我擀破，大哥哥在一旁鼓励我说："小妹妹，没关系，多擀几次就好了。"我就把弄破的面皮重新揉在一起继续擀，一次又一次地重复着相同的动作。最后，我都已经筋疲力尽。不过，我总算把面皮擀得又圆又平了。

接着，我和姗姗用精心挑选的模具把面皮压成漂亮的图案：有胖嘟嘟的小熊、温顺的小兔、淘气的猴子，还有神气的青蛙。我们小心翼翼地压着，一会儿，一群活泼可爱的"小动物"就呈现在我们面前。我们用刮刀依次将打造好的"动物"送入烤箱，等待饼干出炉。

大概过了十五分钟，我们听到"叮"的一声，新鲜喷香的饼干出炉了。手里捧着热乎乎的饼干，心里感觉暖暖的。咬上一口，饼干松松脆脆的，真是太美味了！

班级时装秀

刘芸希

今天的班会上，我们进行了一场别开生面的班级时装秀。

同学们用各种材料做的奇装异服，真是亮瞎了我的眼睛。有用蜡光纸做的金铠甲，有用薄膜做的超性感上衣，有用旧报纸做的围裙，还有用彩色卡纸做的南瓜头……没想到，这些废旧物品又有了用武之地，更没想到，同学们设计的衣服真是既漂亮又新颖，他们一个个都成了天才设计师了。

随着节奏欢快的音乐，班级时装秀拉开了帷幕。"小模特"们一个个精神抖擞，闪亮登场，我们这些台下的小观众看得津津有味，不亦乐乎。

瞧！戴文婷头戴"金锁链"，身穿黑色彩带背心和大草裙，手上还戴着金手环，整个一阿西娜女神啊！她迈着模特步走向讲台，我的嘴都成了"O"字形。突然，戴文婷张开"大利爪"，虎视眈眈地扫视四周，好像正在与外族人展开激战。过了一会儿，她又更换了一种风格，龇牙咧嘴，抖动屁股，跳起了欢快的草裙舞，好像在庆祝胜利。她表演完后，台下响起了雷鸣般的掌声。虽然戴文婷的装扮是用塑料袋做成的，但是她的创意十足，如果要颁奖的话，最具创意奖非她莫属。

不过，我觉得最佳表演奖的得主还是沈洛涵。她身穿用旧画报做成的章鱼服（画报下面剪成了一条条，就像章鱼数不胜数的大长脚），浑身都在扭动着，不时还撩起章鱼脚，做出各种搞怪的表情，真像一只正在海里自由自在游泳的章鱼呀。我们笑得前俯后仰，哈哈的大笑声不绝于耳。

接着上场的是"宇宙之神"——黄彩辉。他身披用报纸做的长长的拖地斗篷，头戴用纸盒做的头盔，手持利剑，大步迈向讲台。他高高地扬起手臂，手中的剑往胸前使劲一挥，瞪大眼睛，望着我们。哇，真是帅气逼人呀！看到黄彩辉英姿飒爽的样子，台下不时响起"哇噻"的喝彩声，同学们都沉迷于他精彩的表演。直到他表演结束退场了，我们这些观众们才回过神来。

后来，还有头戴厨师帽、手拿汤勺的"五星级"大厨，戴着大口罩、套着手术帽的医生，头戴皇冠、手拿光明剑的"秦始皇"，威风凛凛的铠甲战士，身穿公主裙的花仙子……大家都争先恐后地上台展示自己的杰作。我们在台下兴奋地观看，为他们喝彩。

怎么样，这次的班级时装秀有趣吧！不过，我有些小小的遗憾，因为我的衣服做失败了，没能参加这次活动。下次，我一定好好把握机会，秀出我自己！